魚網に魚を投げる御魚取神事（鳥羽市・伊射波神社）撮影・阪本博文

年に三度の御酒殿祭の参進（伊勢神宮内宮）

イセエビの三本立て（南伊勢町・八柱神社）

アユのなれずし
（伊勢市・宮本神社）

御田植初に奉仕する地元の保存会（伊勢市・神宮神田）

御頭さんに鏡餅をかませる（伊勢市・宇氣比神社）

神田祭の祭典（伊勢市・猿田彦神社）

「礒部の御田植」の竹取神事
（志摩市・伊雑宮）

＊クレジット以外の写真は
著者による

三重の神饌《しんせん》

神に供える御膳

千種清美
kiyomi chikusa

風媒社

三重の神饌《しんせん》　神に供える御膳◉目次

*表紙写真　阪本博文

*岡田文化財団助成事業

はじめに

「神饌《しんせん》」と呼ぶ特別な食がある。

神社で祭典が行われるとき、供える食だ。神前に、米、酒、野菜、魚など「神饌」を供えると、神職がおごそかに祝詞《のりと》を唱え、願い事や感謝を述べる。そして舞の奉納や、玉串《たまぐし》（サカキ）が献じられたあと、食は下げられる。神々に供えられた神饌は捨てられることはなく、「お下《さ》がり」と呼んで、人々は大事に食べる。

祭りへ行くと、「これは神さんのお下がりなので、ありがたいよ」と餅などをいただく。神饌は神前から下げられると「お下がり」として、尊ばれる。なぜなら、神さまの霊力が宿っていると考えるから。「神饌」は神さまの力をお分けいただく食ともいえそうだ。

考えてみると、神社の祭典だけでなく、身近な年中行事でも「神饌」と「お下がり」はあった。その一つがお節料理である。

正月のお節料理は、新年を祝い、縁起のものを重箱に詰めた食。それは、「御〝節供《せちく》〟」の略であるという。本来は三十日に作り、正月にいらっしゃるという歳神《としがみ》さまに大晦日にお供えし、元日に下げて、家族で食事をするもの。一年の初めにお迎えし、まつる歳神さまにお供えした「神饌」を「お下がり」として食べるのが、お節料理であったのだ。忙しい主婦が正月に休むためにという説もあるが、お節料理を体内に取り込むことで、歳神さまの力をいただき、一年を無事に過ごそうという願いが根底にあるのだった。

神と人とがともに食する「神人共食《しんじんきょうしょく》」という行いが、祭りや年中行事の本質であることに気づかされた。

御代替《みよが》わりの今年、その儀式でも「神饌」がある。

御代替わりとは、天皇が替わられること。その中で最も大がかりな儀式が十一月に行われる「大嘗祭《だいじょうさい》」だ。

毎年、十一月二十三日に天皇が皇居で神々に新穀をお供えし、自らも召し上がる新嘗祭《にいなめさい》が行われる。全国の神社でも氏子が集まり、祭りが行われる。その新嘗祭が、天皇が即位した年には「〝大〟新嘗祭」となり、「大嘗祭」と呼ばれるのである。毎年の新嘗祭は皇居内の神嘉殿《しんかでん》で行われるが、大嘗祭では特別な御殿「悠紀殿《ゆきでん》」、「主基殿《すきでん》」が建てられる。平成の御代替わりの際、建物が建てられたことに驚いた覚えがある。

つまり、新天皇は即位をすると、天照大神《あまてらすおおみかみ》をはじめ、神々に食をお供えし、自らも召し上がる。さらに臣下とも食事をする。神への供え物をまず天皇が食し、次に天皇と人々が一緒に食べる「共食」を二段階で行うことになる。神と人、そして人と人の結合を強めようとする共食が、天皇の交替儀礼と結びついた大嘗祭で行われていたのである。

それではどのような食が御代替わりの神饌として供えられるのだろうか。

大嘗祭の神饌はもちろん撮影は許されない。しかし、江戸時代に描かれた「大嘗祭神饌図」（鈴鹿家資料）が残されている。絵図を見る機会があった。

そこには米とともに粟《あわ》が供えられていた。伊勢神宮をはじめ、各地の神社の神饌にもあまり上がらない穀物である。それが大嘗祭では、米とともに粟も神饌であったのだ。

米や粟は、「飯《いい》」（蒸したもの）と「粥」（煮たもの）に調理して出されていた。

粟は、五穀の一つに数えられる穀物だが、日本では太平洋戦争後は生産量が減少し、今では主食としてはほとんど栽培されなくなった。しかし、朝鮮半島から伝来した最も古い穀物の一つで、奈良時代には米の代わりに正税として納められてもいた。粟は生育期間が短いことから、気象災害の影響を受けにくい救荒《きゅうこう》作物として重要であったのだ。しかも、ビタミンを多く含み、米に混ぜて主食にすると双方の足りない栄養素を補うこともできた。

大嘗祭で救荒作物である粟も大切に供えるのは、為政者としての天皇の、国民が飢えることのないようにという、尊い祈りがあるのではないかと思った。

さらに絵図には、七種類の粥「七種粥」も描かれていた。黒い丸盆に米、粟、黍子《きび》、稗子《ひえ》、もう一方の丸盆には、簑子《みの》、胡麻子、小豆があった。

粟は連作障害がでるため、毎年異なる作物を計画的に作付けしていたようだ。例えば、奈良県吉野郡では昭和初期まで、稗→粟→小豆、蕎麦→粟→芋と三年輪作が行われていた。七種類の粥に、畑で収穫される様々な幸を大事にしてきたことを改めて認識した。自然を相手にした稲作は、災害や天候などで収穫が左右される。昔は稲作だけでなく、畑作との二本立てでいわゆる危機管理をしていたことが、大嘗祭の神饌からうかがえた。

今回の取材では、神饌のどぶろくやなれずしといった発酵食品の製造にも立ち会った。

大嘗祭では、酒となれずしが供えられていた。酒は、新穀を醸造した白酒《しろき》と黒酒《くろき》が供えられる。そして、すしは、食文化を研究する原田信男氏によれば、神饌を詳細に記した十四世紀後半の『宮主秘事口伝』には「雑魚腊《きたひ》」があるという。イワシの腊で、臓物を出さずに丸のまま発酵させたすしに近い状態のものと考えられる。これがない場合は切ったアユのすしが供えられたという（『日本の食はどう変わってきたか』）。発酵したなれずしが神饌となっていたのだ。

発酵は、微生物がその酵素で炭水化物やたんぱく質などを分解し、変化させてアルコールなどを生成する現象をいう。製造作業を見せてもらうと、道具は樽などしか使わずほとんど手作業で、材料も魚と炊いた飯といたってシンプル。これで本当に発酵するのだろうかと心配したが、なれずしもどぶろくも出来ていた。

科学が進んでいない時代には、神業としか言いようのない現象だったのではないだろうか。新米を醸造した美味なるどぶろくは、極上の供え物になったことがうかがえる。そして「お下がり」も参集した人々に配りやすい。

素材を加工しない神饌を「生饌《せいせん》」。加工したものを「熟饌《じゅくせん》」と分けて呼ぶが、「熟饌」には人々の手業《てわざ》に、発酵のような神業《かみわざ》も加わっているのだ。

また、志摩半島の漁村の祭りでは、さまざまな魚介類が「神饌」として供えられていた。一匹だけではない、「一の魚」「二の魚」「三の魚」と種類別に順位がつけられている。隣の村とは、魚の種類や順位が異なったりする。古文書に書かれていないものがほとんどだが、そこには村の歴史や漁業を取りまく環境の変化が背景に介在しているようだ。「神饌」の魚をどのように人々に分けるのかというと、塩漬けの魚を切り身にし、「お下がり」としていた。なるほど、塩漬けにすれば、保存もきき、人々へ分配もしやすい。

神饌本（祭りの食本）は二冊目となった。今回も岡田文化財団から助成をいただき、風媒社から出版できたことに感謝申し上げる。祭りを実際に訪ねると、地域の人々の笑顔にふれるとともに、現実の課題に対して誇りを胸に直面しようとする姿があった。やはり現地に出向くことの大切さを痛感した。今後も神饌の取材を続け、現場からの声を大切に、「三重の神饌」の考察ができればと考えている。

平成最後の年に

筆者記す

第一章

海魚

三重の長い海岸線は、遠浅の砂浜が続く伊勢湾、リアスの海岸線に縁どられる志摩半島、そして黒潮洗う熊野灘《くまのなだ》と変化に富む。そこに点在する漁村では、多種多様な漁業が行われ、日本の沿岸漁業の縮図ともいわれる。また自然条件以外にも、経済的、歴史的な理由で異なる発展をとげてきた漁村もある。そうした漁村の神社で行われる祭りには、さまざまな海の魚が神饌《しんせん》として供えられる。神饌の魚はどのように選ばれ、またどのような形で出されるのだろうか。

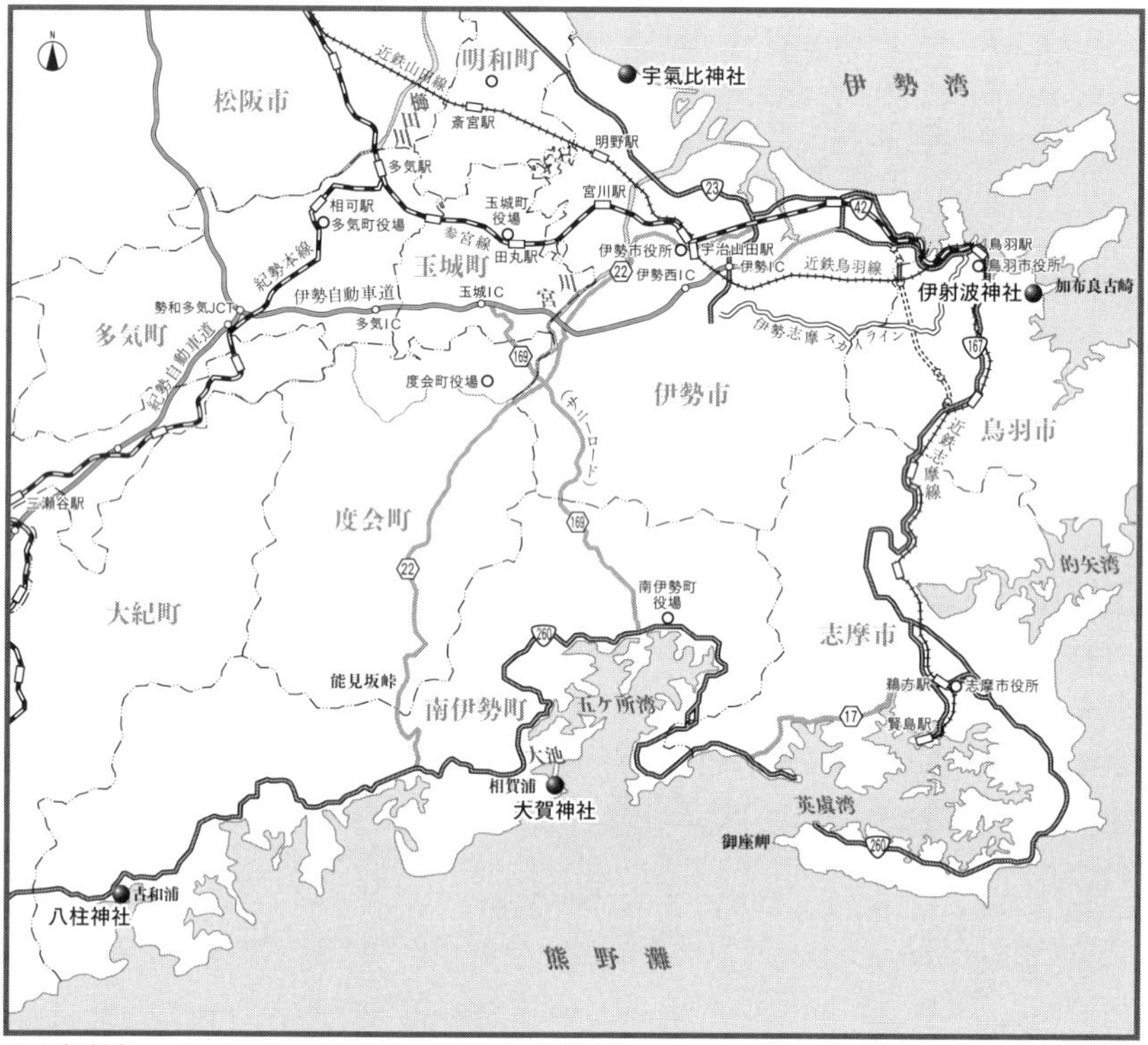

●大賀神社
住所　三重県度会郡南伊勢町相賀浦 848
電話　0599-64-3680（相賀浦区事務所）
アクセス　伊勢自動車道・玉城ＩＣから車で約 45 分

●伊射波神社
住所　三重県鳥羽市安楽島町加布良古 1020
電話　0599-25-4354（宮司宅）
アクセス　JR・近鉄鳥羽駅からかもめバス安楽島線終点下車、徒歩 30 分

●八柱神社
住所　三重県度会郡南伊勢町古和浦 1145
電話　0596-78-0775
　　　0596-78-0030（古和浦区事務所）
アクセス　JR・近鉄伊勢市駅から車で約 1 時間

●宇氣比神社
住所　三重県伊勢市村松町 3920 番地
電話　0596-22-7884（伊勢市教育委員会）
アクセス　近鉄明野駅より車で約 10 分

◉板の魚　平成三十年十二月十一日　南伊勢町相賀浦《みなみいせちょうおうがうら》　大賀《おおか》神社

漁村にとって地元の神さまとは

太平洋に突き出た志摩半島。リアスの海岸線は、的矢湾《まとや》、英虞湾《あご》、そして五ケ所湾《ごかしょ》など多くの入江をもつ。その一つ、五ケ所湾の湾口にあたるのが相賀浦だ。

国道二六〇号線から相賀浦へ入ると、まず手前に大池《おおいけ》が見える。大池は砂州《さす》などが発達し、海と切り離された海跡湖《かいせきこ》で、一時はここに真珠養殖の筏が所狭しと浮かんでいたという。砂州にはコンクリートの堤防が築かれ、その向こうに五ケ所湾の湾口がぽっかりと口を開け、熊野灘が広がっている。人々はこの外海と向き合ってきた。

相賀浦は約二百五十世帯、人口四百六十人あまり。漁港に面した平地に家々は軒を連ねる。そのうちの一軒の玄関だけに十一本のしめ縄が張られている。そこが大当屋《おおとうや》の家だ。

当屋《とうや》（頭屋）は祭りの中心となる家で、集落の中でも特定の家が持ち回りで担当する。神職とは別に地区の祭りを一年間取り仕切る役割を担うことから、「一年神職」とも呼ばれる。時代とともに役割は縮小されているが、この相賀浦では大当屋にあたると、土地の産土神《うぶすなかみ》である大賀神社から祭神を自宅にあずかり、守るという大役を担う。ほかに補佐する小当屋一軒、脇当屋三軒が選ばれる。当屋が産土神を自宅にあずかっているとは驚いた。

産土の神を自宅にあずかる大当屋

十一月の神祭《じんさい》（例祭）を訪ねると、朝、大賀神社から出発した神職や氏子総代らはまず当屋の自宅へ入った。

私も同行すると、一室には神棚が備えられていた。これが自宅の神棚とは異なり、当屋が一年あずかる神社のご祭神専用で、大当屋を引き受ける一年のみ設置されるもの。毎朝、海の水を汲んで供えるほか、刻んだ魚、塩、果物の神饌は地区に死者がでると新たなものに取り変える。昭和の中頃くらいまでは大当屋にあたった家主は、船にも乗らず、髭がぼうぼうに伸びていたという。身体に刃をあてることができないからである。なぜ、大当屋の自宅に神さまをうつすのだろうか。

玄関にのぼりの立つ大当屋の家

「宮さんやと離れているので、毎日お参りにいけないから。村の大当屋の家にうつしておまつりするんです。大当屋は夫婦揃っている家に限ります。家族で守るのです」

相賀浦区長の田中保廣さんが教えてくれた。この海辺の村では、集落の中で日々神さまをおまつりしてきたのだ。当屋というと神社のお祭りに限る役割と思っていたが、自宅で産土の神さまを守っていたとは。土地の神への並々ならぬ信仰は、

「板子一枚下は地獄」といわれる漁業を生業としてきた土地柄だからか。

橋を渡って神社へむかう。右手の森が大賀神社

海は大漁、陸は万作、村繁盛

十一月の神祭は、「海は大漁、陸《おか》は万《まん》（満）作《さく》、村繁盛」が祈願される。

そこで、「板の魚」が神饌として供えられるのだ。「イタノイオ（ヲ）」と呼ぶ。魚をウオではなく、古名のイヲというところに歴史が感じられた。

『南勢町誌』には、「石持魚《いしもちうお》神事」と載る。例祭で神前に奉献するのを石持魚といい、長さ五尺ぐらい（約一メートル六十センチ）のものが二尾、これに準ずる魚類三尾を飾ったとある。また、石持魚の代わりに大ブリが使われたと記されている。石持魚は特定の魚類（シログチか?）をさすのか、総称なのかわからないが、区長も氏子総代長も「石持魚」は聞いたことがないという。

そして今、「板の魚」は、マグロだ。

拝殿《はいでん》前に大きな板が男性四名によって運ばれた。「板の魚」は、地元では、膳《ぜん》と考えるそうだ。

大小の魚が重ねられ、たしかに神に供える大きな御膳だ。
一の魚・ビンナガマグロ（地元はビンチョウ）
二の魚・カツオ
三の魚・タイ
三種類の魚はそれぞれ二尾ずつを腹合わせにし、一対でしめ縄に結ばれている。神に供える魚なのでしめ縄で飾るという。この縄も潮水に浸した濡れ縄で作る。地区にとって、潮水は清めの象徴なのだ。それにしても、一メートルもの大きなマグロを神饌にしているのは初めて見た。
「ここは遠洋漁業が盛んで、マグロやカツオを捕りに外洋へ出て行ってたんです。二十年くらい前までは、漁師が順番にマグロを奉納していましてね。相賀浦の一番のお祭りだからと、漁師は誇りに思って、よっしゃと捕ってましたね」
話してくれた田中区長も、大西洋や太平洋で捕れたマグロを日本に運んだ元船乗り。南米のケープタウンには食料や船の油の補給に年に二度は立ち寄ったという。
三重県で本格的に遠洋漁業が始まったのは明治三十二年。以来、順調に発展し、昭和五十一年にはマグロ三三、七八七トン、カツオ六六、六七トンと漁獲量の最高を記録している（『三重県漁業史』）。相賀浦は、「三重県の焼津（日本屈指の遠洋漁業基地）」といわれたほどで、マグロやカツオが手に入りやすかったことも神饌にマグロ、カツオが選ばれた理由に違いない。
そして、タイについては養殖が盛んになった今との違いを田中区長はこう振り返る。
「子どもの頃は天然しかなく、祭りでしか食べなかった。値も良くて、おやじたちはタイがあがると喜んで生け簀《す》に生かしていました。漁師が喜ぶ魚です。外洋がある相賀は天然ものが相手なんです」

大漁祈願の祭りに供えられるご馳走、それに選ばれるめでたい魚は天然もの、五ケ所湾の湾口にある漁師町の矜持《きょうじ》を見たように思った。主力となる漁業の変遷とともに、「板の魚」も変わってきたことがうかがえた。

しめ縄で飾られた板の魚

供物の「塩もの」

「板の魚」のうち、大きなマグロとカツオは当屋や氏子総代らによって塩漬けにされる。例祭の二十日ほど前、相賀浦の魚市場で、購入した魚の腸《はらわた》を取るなど処理をした後、神社へ運ぶ。そこで腹に塩を詰める。比較的小ぶりなカツオは扱いやすいものの、マグロにはてこずるという。丸棒でまず尾の方を先にねじ込むように詰めていく。これを怠ると魚が腐ってしまう。使用する塩は九十キロにのぼる。

そして、大箱に入れ、ひたひたの塩水に浸す。

「心配で、三日に一度くらいは塩の浸り具合を見に行きますな」

「申し分なし」と、検分の口上

というのは、大賀神社・氏子総代長の畑《はた》知之さん、ここ十年ほど総代長として一年交替の当屋たちに指示を出して、地区の祭りを準備してきた。塩漬けにして十五日経ると、塩水を排水して、さらに寝かす、そして祭りの二日前に水洗いをする。塩蔵のマグロやカツオは、お祭り終了後に「塩もの」といって、切り身を参拝者に授与している。「塩ものは相賀独特のものですから、おいしかったと言われるとうれしいですね」。矜持をもって祭りに臨む氏子総代である。

この「板の魚」は神前に出される前に、検分《けんぶん》が行われるのも面白い。袴をつけた男性二人が、扇子を手にして御膳に置かれた「板の魚」をぐるりと見て回り、「姿かたちも良く、新鮮で申し分なし」と口上を述べると、参拝者から拍手喝采が送られた。祭りの演出といったところだ。

神祭は、「板の魚」が神前から下げられると、今度は新しい大当屋への受け渡し式にうつる。そこには「おやまさん」が出される。三角錐の山のような形をした赤飯と、その上にイセエビが乗せられた「おやまさん」。かつては地区で収穫されたもち米を蒸したが、今は購入したもち米を用い、神社に保管された木型に詰め込み、形作る。

受け渡し式では、神社の神札を納めた黒い箱を大当屋から新しい大当屋に渡す。その際も「海は大漁、陸は万作、村繁盛、謹んでお渡しします」と送り、「海は大漁、陸は万作、村繁盛、謹んで謹んでお受けいたします」と受ける。甘酒を新旧の大当屋、小当屋が酌み交わし、そのあと新しい大当屋の奥さんが、「おやまさん」を納めた「ヨコマかご」を頭にのせて、地区の人々が両側に座る参道を歩いていく。

イセエビをのせた「おやまさん」

「ヨコマかご」を頭にのせて、新大当屋の奥さんが歩く

「おやまさんの木型に印がしていないので、赤飯を多く詰め込み、今年は大きくなりました。大当屋の奥さんがこれを頭にのせて運ぶので、大丈夫かと心配していたほど」（畑総代長）

女性が荷物を頭にのせて運んだ「いただきさん」スタイル。かつて地区の女性はヨコマかごに生魚・干魚などを入れ、度会町や伊勢市方面に売りに行き、米や麦などの穀物と交換したことに由来するという（『三重県の特殊神事』）。

おそらく大当屋の妻が、海辺の女性の象徴として「おやまさん」を頭に乗せて運び、「陸は万作」を表しているのではないだろうか。新たな大当屋の妻としてのお披露目にあたるように思えた。

こうして神祭は終わる。そして「御符《ごふ》さん」をもらっていくのが習わしだ。御符さんには、「塩もの」が入っている。

「神さんのお下がりやで、もらっていって」

私もあやかって、「塩もの」をいただく。そこには、マグロとカツオの切り身が二切れずつ入ってきた。「板の魚」が素早く、さばかれたのだ。このようにして産土の神に供えられたご馳走は分配される。

「塩もの」は、地区の女性のアドバイスに従って、お茶漬けにしたらおいしかった。脂ののった魚に塩を強くきかせた「塩もの」は、地区の人々にとって一年に一度の「お下がり」であった。

礫浦の「板の魚」

相賀浦の隣、礫浦《さざらうら》の礫八幡神社でも、相賀浦の一週間後の十一月十八日に「板の魚」行事が行われた。当屋渡しの儀で、大まな板に乗せられた魚を、手を使わず、包丁と箸だけで魚をさばく「真《ま》魚箸《なばし》神事」が行われ、その塩切（切り身）が分配される。選ばれた魚は次のようになっている。

「一の魚・マス（塩漬け）一尾、二の魚・タイ二尾、三の魚・イセエビ（茹でたもので十数匹）、四、五の魚・カツオ二尾」

タイ、カツオ、イセエビは相賀浦と共通するが、なんといっても一の魚のマスが珍しい。

遠洋漁業が盛んになった相賀浦はマグロが「板の魚」となり、礫浦はマスを選んだ。その一方で、相賀浦はマグロという大きな魚のため、それまでしていた「真魚箸神事」ができなくなったのかもしれない。

米を主食としていた日本人の食生活に、副食として魚介類は欠かすことができない。

戦後、日本漁業は沿岸から沖合、遠洋へと進出し、世界有数の水産王国になった。しかし、昭和五十二年の二百海里《かいり》設定から海外における漁場の縮小を余儀なくされてきた。

塩もの

そうした漁業の推移は、三重県の漁村の祭りにも大きな影響を与えてきたことが、神社の神饌を通してもうかがえる。かつては漁師自らが捕ったカツオやマグロを今は、漁業権管理組合がほかの地区から購入し、奉納している。

一方で、近年豊漁が続くイセエビは相賀浦のものを使う。

「伝統的な祭りを続けたいです。しかし継承していくには、変えていくことも必要。今の時代に合ったものに変えつつ、がんばって続けていく」

田中区長は最後に語った。祭りを維持する努力はつづく。

「板の魚」はいつから始まったかは分からないが、相賀浦は古く相可御厨《みくりや》という伊勢神宮の御厨で、江戸時代に田丸藩の領地となった歴史ある漁師町。

伝統的なお祭りとその神饌を通して、漁師町では、神前にどんな魚を供えているのか、供えてきたのか、その背景をていねいに見ていきたいと思った。

◉御魚取《みととり》神事　平成三十年十一月二十三日　鳥羽市安楽島《あらしま》町　伊射波《いさわ》神社

海に向かって立つ鳥居がある。

観光客で賑わう鳥羽駅前から車で十五分ほどの安楽島町。季節はずれの安楽島海水浴場から集落を離れ、伊射波神社への細い道をひたすら歩いていくと、美しい浜に出た。そこに、伊射波神社の一の鳥居が立つ。岬に囲まれた入江は穏やかで、小さな波音が響くだけ。天照大神《あまてらすおおみかみ》が伊勢の地に鎮座する際のご神託（理想郷からの波が打ち寄せる伊勢の地に鎮りたい）にある「常世《とこよ》の国の波」はこのようなものかもしれない。とろけるような穏やかさに、そんなことを思った。

一の鳥居

伊射波《いさわ》神社の祭神は、社伝によれば、天照大神のお側にお仕えしていた稚日女尊《わかひるめのみこと》を加布良古《かぶらこ》崎に祭祀《さいし》したことに始まる。加布良古大明神、志摩大明神とされ、いまも「かぶらこさん」と呼び親しまれている。創建はわからないが、古代、船で渡ってきた人々は穏やかな入り江にたどり着き、神をまつり、住み着いたのだろう。鳥羽の南に開けた海辺には贄《にえ》遺跡をはじめ、古代の遺跡が残る。穏やかな浜に比べ、陸路はとても険しい。

「杖を持った方がいいですよ」

ふいに年配の女性から声をかけられた。ここからは上り坂になる。

「私は膝が痛いので、久しぶりに来ました。この子に祭りを見せたいので」と小学生に上がったくらいの孫を指さした。地元の方という。青竹の杖を片手に息を切らせて登る。岬は神の領域として一般車両は通行禁止だ。すでに神社前には七十人ほどの人々が集まっていた。子どもたちもいる。

刺し網に向かって「大漁、大漁」

この日は午前十時から、大漁祈願祭と勤労感謝祭が行われる。本殿の御垣前にはお神酒、鮮魚が入った発砲スチロール箱がずらりと並ぶ。大きなクロダイ、ブリ、マダイ、ツヤツヤとした肌から獲れたてのイキのよさがわかる。そして本殿に供えられた神饌《しんせん》のイセエビやマダイの見事なこと、さすが魚介類の豊かな海辺の神社である。そこに漁網も供えられていた。

祭典が終わると、御垣前の供物などが片付けられて、青い素襖《すおう》姿の男性たちが長さ十メートルの漁網の刺し網を広げた。カメラマンたちが周りを取り囲む。いよいよ御魚取神事が始まる。本殿前から下げられた供物の鮮魚を拝殿にいる参列者が手に取り、「大漁《たいりょう》、大漁」と刺し網に向かって投げる。タイが、サワラが宙を舞う。お供えものを投げる、なんと豪快なことか、初めて見る光景だ。

この日の供物は、百匹以上。地元安楽島の漁師たちからの奉納で、旬の魚介ばかりだ。

近頃は一般の参拝者も参加でき、私も「大漁！」と投げさせてもらった。幾匹かは刺し網に引っ掛かり、漁網はまさに大漁のよう。網立漁獲神事《あみたてぎょかく》ともいわれ、大漁を模《も》した予祝儀礼《よしゅくぎれい》（あらかじめ願望を模擬的に示して、その実現をはかる）にあたるのだろう。

　このあと、供物の鮮魚は境内で、炭火で焼かれ、参拝者にふるまわれた。ウロコも腸《はらわた》もついたままの豪快さである。

網に魚を投げる神事

「供物やで、ありがたいよ」と毎年お参りしている地元の女性は、よく焼けたタイの身を私の皿に分けてくれた。ほくほくとしておいしい。

「みんな安楽島に上がった天然ものばかりやで」とは、漁師さんか。細長い太刀魚《たちうお》も、ちょうど旬を迎えたカキもある。

　神に供えた供物を参列者で分け、ともに食する、直会《なおらい》。神人共食《しんじんきょうしょく》は祭りの重要なところだ。餅や赤飯などは人々に分配しやすいが、鮮魚はその場で焼いて食することで分けられていた。

　観光客も地元の人々もともに火を囲み、魚を食す。知らない人ともおいしいと言いながら、ともに食べる。皆、笑顔である。そこには大らかで、懐の深い、神人共食があるように思った。

志摩国一の宮論争

伊射波神社の氏子《うじこ》の半被には、「志摩国一の宮」と記してある。

一の宮とは、かつて国司《こくし》が任国に着任した際に最初に参拝したなど、一国の第一位と格付けされた神社のこと。三重県南東部の志摩半島周辺は志摩国にあたり、その一の宮は、伊勢神宮別宮で志摩市磯部町《いそべちょう》にある伊雑宮《いざわのみや》ともされる。志摩国一の宮は、伊雑宮か、伊射波神社か、論争がなされてきた。

安楽島は、古くは粟嶋《あわしま》の名で呼ばれていた。延喜式神名帳《えんぎしきじんめいちょう》（九〇五年）に、

「志摩国三座（大二座　小一座）　粟嶋坐す　伊射波神社　二座並び大」

と記されている。大二座は、稚日女尊と、伊佐波登美尊《いざはとみのみこと》である。

伊佐波登美尊は、今から二千年前、倭姫命《やまとひめのみこと》が天照大神《あまてらすおおみかみ》にお供えする御贄地《みにえち》を探している際に、志摩国で出迎えた神と伝わる。

伊佐波登美尊をまつる神社は、もとは安楽島の二地《ふたじ》という地にあったとされる。二地には、縄文時代中期から平安時代中期の長きにわたり、おびただしい数の製塩、祭祀用土器などが発掘された鳥羽贄遺跡がある。伊佐波登美尊はそこで崇拝された神だ。それがなんらかの理由で平安時代の末に加布良古崎に遷座《せんざ》したという。そして、伊佐波登美尊とともに、姫神とされる玉柱屋姫命《たまはしらやひめ》も祭神となっている。

伊佐波登美尊は意外なところにもまつられていた。『江戸名所図会』（一八三四〜三六年刊）に「伊《い》

雑《そへ》大神宮」が挿絵とともに描かれている。なんでも江戸時代に伊勢神宮の別宮、伊雑宮の御師《おんし》が江戸に勧請《かんじょう》したもので、参拝者で賑わっている様子が描かれる。今は東京都中央区にある「八丁堀天《てん》祖《そ》神社」にあたる。

八丁堀天祖神社へ参ると、敷地は狭いが、玉垣には地元の人々の名前も刻まれ、今なお崇敬されていることがわかる。ご祭神は、なんと伊佐波登美尊と玉柱屋姫命であった。ということは、現在、天照大神をまつる伊雑宮は当時、この二柱をご祭神としてまつっていたということだろうか。ならば伊射波神社とご祭神が同じになる。

古代のロマンをかきたてる海辺の神社「かぶらこさん」である。

「かぶらこさん」への崇敬

後日、伊射波神社の中村宮司に連絡し、再び神社を訪れた。集合場所へいくと、安楽島氏子会の会長、副会長、元宮司家、かぶらこ案内人の方たち数人が待ってくれていた。安楽島氏子会は五十年ほど前に発足して、伊射波神社と氏神である満留山《まるやま》神社を管理する。

皆さんにお話をうかがうと、「かぶらこさん」への篤い崇敬の念が伝わってきた。一の宮巡りの人にも、せっかく遠いところから来てもらうのだから、ひとこと声をかけたり、町のことを知ってほしいと案内板を作ったりしている。伝統的な祭りがすたれていく中で、ここの御魚取神事が以前よりも賑わうのは、こうした人々の「かぶらこさん」への崇敬が、地域の活性化と結び付き、一般の人々を呼び込んでいると思った。

神社からさらに岬へ進むと、もうひと柱、神さまがいらした。海上守護神・領有神《うしはくがみ》という。

岬の、木々がぽっかりと開いたところから、青い海と岬が見えた。朝日の遥拝所という。古くから、この岬にはさまざま人やモノが行き交ったことだろう。ここからの朝日は、毎朝SNSで発信されている。私はそれを拝見するのを楽しみにしている。

かぶらこの岬

岬にまつる領有神

「かぶらこさん」の由来、御魚取神事の歴史

伊射波神社・満留山神社宮司　中村和則さん、安楽島氏子会の皆さん

鮮魚を投げる祭りは地域でも珍しい。いつから始まり、どのような変遷があったのだろうか。また、志摩国一宮論争が続く神社の由来はどのように考えているのか。

●御魚取神事について

もともとは集落に近い前の浜にある「えべんどろ（恵比寿殿）」で行われていましたが、いつから始まったかはわかりません。昭和40年代までは、イワシやメザシなど小さな魚を漁網に掛けていたか、投げていたのをうっすら覚えています。なにしろ子どもでしたから。そのあとに餅まきがあって、ミカンがもらえるのがうれしくて行ってました（中村宮司）。古老によれば、「えべんどろ」の上に禰宜と五人年寄が登り、車座になってたて網一束を持ち、上りの魚やぞと叫び、イワシの丸干しをからめ、下り魚やぞと三回、大漁や大漁やと叫んで漁（すなどり）神事をした。戸主は丸干し五匹、長男は三匹、ほかの人は一匹を直会（おさがり）としてもらってきたという。

安楽島氏子会が立ち上がった昭和42年頃、「えべんどろ」が波の浸食などで小さくなり、祭神は満留山神社に遷し、祭りは伊射波神社で行うようになりました。最初は氏子だけでドラム缶で鮮魚を焼いて食べていたのですが、ここ10年くらいで大きなタイなどが奉納されるようになり、参拝してくれ

えべんどろ

る一般の人も増えてきたんです。だんだん魚は大きく数が増え、参拝者で賑わうようになりました。大漁祈願と安全をみんなで祈る祭りです。

●神社の由来

現在、伊射波神社のあるのは加布良古崎で、そのため「かぶらこさん」と呼ばれます。創建は不明ですが、まずご祭神の稚日女尊がまつられていたと思われます。そのあとに贄遺跡（現在のエクシブ鳥羽周辺）あたりにまつられていた伊射波登美命と玉柱屋姫命が平安時代頃に加布良古崎に遷座してきたのではないでしょうか。二柱をまつっていた集落が津波か、荘園制度のせいかなにかの理由で衰退したようです。岬の海岸には神社の跡地もあります。

山頂に社殿が建てられたのは、文化6年（1809）の灯籠が立ちますから少なくとも江戸時代後期にはありました。鳥羽藩主の稲垣家から崇敬されていて、神社の背後に海から上がる参道が残っていますから、鳥羽藩主や坂手島の人たちは船で乗り付け、そこから上がったようです。そこには真水の出る井戸があって、船で出るときは、そこの井水を汲んでいったようです。だから海上安全の信仰が篤いのではないでしょうか。

神社名は明治4、5年に変わりました。宮司は明治以降から現在は中村家が、それまでは小池家が代々務めてきました。小池家は今で39代になります。

神社では11月23日の大漁祈願祭・勤労感謝祭のほかに、7月7日に近い日曜日に明神祭が行われます。

現在の伊射波神社の拝殿

◉頭屋祭《とうやまつり》　平成三十年十二月一日　南伊勢町古和浦《こわうら》　八柱《やはしら》神社

湾口の狭い古和浦

南島七浦、南島八ケ竈

熊野灘に面したリアスの海岸線には、大らかな自然美がある。旧南島町《なんとうちょう》は七浦、八ケ竈《かま》と呼ばれた。七つの漁村（浦）と、八つの平家落人伝承が残る集落（竈方《かまがた》）があるからだ。竈方は製塩業を営んでおり、「竈」は塩焼き竈に由来するのだろう。

〃志摩の秘境〃と呼ばれたのはひと昔前。難路の能見《のみ》坂峠も今やすいっと越えられ、伊勢から車で一時間もあれば着いた。

海には古くから開かれた地である。江戸時代、西廻り海路、東廻り海路を開いた河村瑞賢《ずいけん》がこの町出身であるのも、幼少期から海がもたらす恵みを知っていたからかもしれない。

南島七浦の一つ、古和浦。湾口が狭く、波穏やかな湾で、釣り船や釣り筏が湾に浮かぶ。以前にチヌ（クロダイ）釣り取材で来たことを思い出す。漁港を過ぎて、八柱神社の前には多くの車が止まっていた。

八柱神社の創建は、幾度も襲った大津波によって、古文書が流失し、わからない。頭屋祭は明治初年の神社帖に、もともとは旧暦の霜月朔日《しもつきついたち》（十一月一日）であったことが記されている。新暦の十二月一日に変更したのは太平洋戦争後だ。日々お参りしやすいように大正三年に現在地に神社を遷したが、かつては船に乗って参拝していたという。

コブダイのこぶを神前に

イセエビの三本立て

頭屋祭の本殿祭を前に八柱神社の拝殿に上がらせてもらった。すると胡床《こしょう》（椅子）をさっと出してくれた。会釈をして座る。開始時間の午後一時を過ぎても、なかなか始まらない。隣の人に誰かを待っているのかと聞くと、「大事なもんを忘れたので取りに行っとる」とのこと。そこに折敷《おしき》に置いた赤茶色のものが運ばれてきた。これが「大事なもん」らしい。神饌《しんせん》が並ぶ台の中央前列に置かれると、祭りが始まった。

神饌で目を引いたのが、イセエビの「三本立て」。三尾の茹でたイセエビを腹合わせに立てて束ね、さらに長くのびた角も結えている。フレンチ料理の盛り付けのように美しい。高く盛り付ける神饌はあるが、イセエビをこのように立てるのは初めて見た。

肝心の「大事なもん」は、コブダイのコブの部分を切り取ったものであった。

コブダイのこぶ

ベラ科のコブダイのオスは成長すると前頭部が著しく肥大して、こぶ状になる。沿岸の岩礁に生息する底魚だが、古和浦の吉田区長に聞けば、この浦ではあまり捕れない魚という。なぜ祭りに供えるかはわからないが、コブダイは上品な味で、普段食べることもなく、祭りに限り食べる特別な魚なのだ。体長が六十センチから一メートルと、大きなコブダイは、神饌として供えることが難しいので、象徴である「コブ」を神前に納めたのではないだろうか。
それにしてもなぜコブダイが「一の魚」に選ばれているのか。何人かに聞いてみてもわからない。
魚は地方名が豊かだ。調べてみると面白いことがわかった。海藻が茂る場所に生息するからモブシ、モブセ（関西地方）、モクジ、モクズ（北陸地方）、カンダイ（東京）、そして兵庫県明石ではエビスダイという（『魚と貝の大事典』）。エビスダイとはな

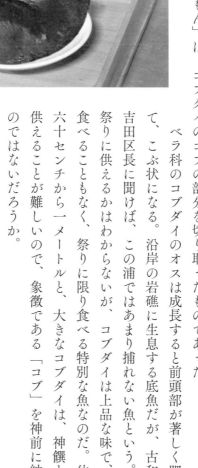

んとも縁起のいい名ではないか。あのコブをもつ珍しい形が、漁師には大漁をもたらす神と信仰されるエビスさんと結びついたのだろうか。

古和浦には現在、二十二の町（地区）があり、順番に当番町が回って来る仕組みだ。約二十年に一度、当番町に当たるから、それまで地区で積み立てをして、祭りの資金を貯める。今年の当番町は新東陽町《しんとうようちょう》。本殿祭に参列しているのも新東陽町の人々だ。今年は大きなコブダイが用意できたとうれしそうだ。

一の当、二の当が上座に、カスギの儀式

カスギの儀式に、六種類の魚介と白酒

本殿祭を終えると、会場を集落の中の第一公民館に移し、頭屋祭の主となるカスギの儀式が行われる。コブダイをこの地域ではカスギと呼ぶところからこの名がある。

座敷の上座に羽織袴の正装姿の「一の当《とう》」、「二の当」、それに八柱神社の神職や神社総代、区長、漁協関係者、新東陽町の長老、来年の当番町代表ら十三人が座る。座敷には一枚の式次第が貼りだされていた。

古式　式次第

一、カスギ

一、鯛
一、鰹
一、鱓
一、烏賊
一、海老
千鶴万亀　賑々しく申し納め候也　　古和浦当番町

「カスギが出ます」。「二の当」の発声で儀式は始まる。

カスギ（コブダイ）が調理役の前に出され、手を使わずに包丁と長い箸（真魚箸《まなばし》）で刺身をつくる所作が行われた。今はすでに切り身に調理され省略されているが、かつてはほかの地域でも見られる「真魚箸神事」が実際に行われていたのだろう。分厚い切り身が参列者の前のへぎ板に置かれる。へぎ板には、塩振大根の二切れ、丸めた赤飯がすでにのる。

「カスギのお神酒が出ます」

次に、塗りの酒器から白酒が一人ずつの盃に注がれる。まだ米粒が残る白酒だ。

カスギの儀式の膳

このあと、タイ、カツオ、ウツボ（干したもの）、イカと続き、最後に大きなイセエビが出された。へぎ板は豪華な刺身盛り合わせの一皿（膳）となった。

魚が出される度に白酒が注がれる。カスギ以外は、古和浦で捕れる高価な魚だ。料理は儀式では食べず、自宅へ持ち帰る。調理や材料の手配などは当屋町の新東陽町がもっぱら受け持つ。誇りとともに苦労が伴う。

「千鶴万亀《せんかくばんき》　賑々《にぎにぎ》しく申し納め候也《そうろうなり》」と「一の当」の口上で儀式は閉じられた。

『南島町史』には、神無月《かんなづき》（旧十月）に出雲へ出かけた神々が霜月朔日《しもつきついたち》（旧十一月一日）に地元へ帰るため、頭屋を中心に氏神さまをお迎えし、おまつりをしてさらに直会を行い、神人同一の歓を共にする意味合いとある。かつては各地で行ったが、今は古和浦のみであるという。この儀式には、目に見えない氏神さまもいらっしゃり、ともに楽しんでいたのだ。

湯立神事も餅まきも盛大に

本殿祭の神饌で供えられた三本立てのイセエビと同じものが、来年の当番町の代表に渡された。ではあの「大事なもん」のカスギのコブはどうするのかというと、儀式のあと、公民館前で行われる湯立神事の火にくべられる。

午後四時、公民館前には大勢の人々がすでに集まっていた。小ぶりの段ボール箱を置いて、場所取りをしている。舞台に置かれた湯釜に大きな笹を浸し、人々に振りかける。一年の災いを祓い清

め る湯立神事だ。そして、「一の当」と「二の当」がそれぞれタイをつけた釣竿と弓矢を持って、踊る。タイと弓は子どもたちが取りあう。続いて盛大な餅まきが始まる。段ボール箱には餅がたくさん拾われた。私も後ろで撮影していたが、あまりに餅が飛んでくるので、たくさん拾った。皆、高揚した顔で引き揚げていった。

気持ちのいい祭りを見せてもらった爽快感が残った。この町には、まだまだ祭りを大事にしたいという思いを持った人が多くいた。

昭和の時代、原発建設の是非を巡って、この町は長年揺れた。町内でも賛成派と反対派に割れたと聞く。それに終止符が打たれたのは、当時の北川知事の白紙撤回宣言だった。途中で涙声になった答弁は記憶に鮮やかだ。ここは壮絶な局面を乗り越えた町なのである。

宮司らによる湯立神事

古和浦漁港前に「古和一族軍忠碑」と刻まれた勇壮な碑が立っていた。南北朝時代、南朝の北畠氏に忠誠を尽くし、古和の人々が一致団結して戦ったことを讃えるために、昭和九年に建立された。石碑の建立については、案外、カスギの儀式の席上で盛り上がったのではないか、そんな思いを巡らせて、再び能見坂峠を越えた。

八柱神社宮司　岩崎真理さん

八柱神社は、海の神さまである宗像《むなかた》三女神をはじめ天忍穂耳命《あめのおしほみみのみこと》などを祭神とし、かつては天八王子社といった。地元の魚介類が豊かに供えられる神饌について、古和浦に生まれ育った宮司に聞く。

私が頭屋祭で覚えているのは、当番町に当たった40年前ですね。まだ大学生でしたが、当番町の頭の家へお米をかすなどの手伝いに行きました。煮炊きを共にして、共に食するもので、神社のお祭りというより、人々の暮らしの中で、集うところでした。当時も、当番はカスギ（コブダイ）を入手するのに苦労していました。獲れたら教えてね、と方々に声をかけていました。神主さんは夕方に来て、祭りの最後の湯立神事をしていました。その際、「さいやかさ〜」といってタイの釣り竿や弓矢を持って踊りますが、昔は皆さんが昼から呑んで酔った様子なのでしょう。

頭屋祭の本殿祭の神饌にあるイセエビの「三本立て」はここに伝わる特殊なもの、一匹ずつ最初に縛って形を整えてから、茹でます。それを麻緒で結えるのです。神社総代さんが手伝って、当番町さんが準備します。ほかに1月7日の山の神、10日の八幡祭（弓引き）などでもお供えします。氏子さんが用意してくれます。

山の神は、八柱神社ではなく山中に祠がありまして、そこで懐に入れたオコゼを見せたりしますが、皿にのせたナマコをはじめ、ナタやノコギリなどの山の道具、クワやカマなどの野の道具とともに塩漬けしたソマガツオなどの魚を一対でかける「掛《か》けの魚」がありますね。

ふだんの祭典でも、ほかの神社はタイが多いと思いますが、ここでは赤魚（アカガシラ）を使うのは珍しいですね。

夏の浅間祭、祇園祭も盛んです。大晦日に茅の輪くぐりをするなど、独特の風習も残ります。

八柱神社

◉御頭《おかしら》神事　平成三十年二月十一日　伊勢市村松町《むらまつちょう》　宇氣比《うきひ》神社

獅子頭を「御頭」と尊ぶ

伊勢志摩地方で、「御頭《おかしら》さん」といえば、獅子頭、さらには獅子舞のこと。獅子頭が一般より神聖視され、地区の守り神となっていることに由来する。

「御頭さん」は神社や公民館などに大切に保管され、一年に一度の祭りの日、お出ましになる。その日、「御頭神事」が行われ、神楽師によって、神社の境内や町内の辻々で舞われ、けがれや災いが払われる。

伊勢地方では、一月から二月にかけての週末を中心に、伊勢神宮外宮周辺をはじめ、宮川流域の各地で行われることから、「春を呼ぶ」行事でもある。しかし、不思議なことに、内宮周辺にはない。

宮川を下った「御頭さん」

二月十一日、晴れわたった空のもと、伊勢市の村松町へ向かった。宮川左岸の伊勢湾岸は、有滝《ありたき》町《ちょう》、村松町、東大淀町《ひがしおいずちょう》にわたって松林が残る浜辺が続く。漁港もあり、田んぼも広がる地区だ。

獅子頭は向かって左が先代、右が二代目

村松町の御頭神事はもともと旧暦一月十一日に行われていたが、昭和の後半に新暦二月十一日に移り、さらに平成に入り二月の第二土曜に変わった。会社勤めの人でも祭りに奉仕できるよう、日程を変更したのだ。

昼過ぎ、村松町の路地は神事の日であるのに意外にも静かだった。御頭神事は集落の中ほどにある宇氣比神社の祭礼として行われる。神社の創始は不詳だが、古くから村松の産土神としてまつられてきた。

神社の拝殿には、二つの獅子頭が置かれていた。ほかに人もなく、一人で「御頭さん」を拝見する機会に恵まれた。頭に紙垂《しで》、舞衣も取り付けられて、すっかり飾りつけがなされている。

村松の獅子頭にはこんな由来がある。今からおよそ六百年前の室町時代、宮川の上流にあたる多気郡大台町上楠《かみくす》から宮川を流れ下り、伊勢湾に出て、村松の神池の海岸に流れ着いた獅子頭が、当時の神宮・徳祢宜が差し出した「まこも」（敷物）にあがったという。その際、徳祢宜に神のお告げがあったと伝わる（『村松の四季』）。以来、獅子頭は神社の御神体として、村松の守り神として敬われてきた。休憩中の御頭さんの舞衣に触った若い衆の腰が抜けた、絵を描いた絵描きが動けなくなったなど、さまざまな逸話が語り継がれているのも、「御頭さん」を神と崇めるゆえんであろう。

獅子頭が流れてきたという上楠からは、大正時代末まで代表者が赤酒樽《さかだる》を持って御頭神事にお参りにきていたと記される（『村松の四季』）。大台町上楠は、宮川左岸にあり、熊野古道が通る。上楠に隣接する粟生《あお》は、中世に伊勢神宮領の「粟生御薗《みその》」があった地で、神宮領のつながりから生まれた由来譚《たん》なのだろうか。

獅子頭の口に鏡餅などをかませる

向かって左が先代（旧来）のもの。右は先代の傷みが激しいので、昭和五十七年度に新しく作った二代目だ。

二頭の獅子頭の口には、大きな鏡餅（セチ）と菱形の餅を重ね、その上に串刺しにした干し柿、ミカンをのせて噛ませてある。この鏡餅は祭りの後、細かく切られ、町内の各家へ配られる。とても小さい欠片になるが、人々は「歯がため餅」として大事に食べると聞いた。「歯がため餅」は年の初めに、固いものを食べ、長寿を願う日本古来の風習。歯は齢（よわい）の意味で、年齢を固めるとは、伸ばすこととなる。村松は町中で、「御頭さん」の「お下がり」で、長寿を願うわけだ。

熟饌のお膳に、ボラ

そして、獅子頭の前には、御膳が供えられていた。一つの折敷《おしき》に、当日炊いた飯、一匹ごと焼いたボラ、なます（細切りの大根と干し柿のほぐしたもの）、はんぺんや大根・ごぼう・にんじん・糸昆布などを煮たもの。もう一つの折敷に、茹でたイセエビ二匹が並ぶ。

伊勢の御頭神事はいくつか見てきたが、この御膳の豪華さには目を見張った。そして、火の通った食「熟饌《じゅくせん》」であることも大きな特徴だ。準備する地元の方によれば、寒い時期なので、御頭さんにも温かいものがいいだろうと、飯は朝、羽釜で炊いたものを供えるという。

ボラは、ほかの魚には代えられないと伝わる。昭和四十九年頃、この年は手違いで、ボラの代わりにタイが使われた。すると、ツムギ（夜の火祭り）で獅子頭のあごが割れてしまった。しきたりを変えたことが災いを呼んだとして、以来代えることはない。

「ボラは災難を飛べるけど、タイは飛べんでな」

ボラは、ハク、オボコ（スバシリ）、イナ、トドと、成長とと

「御頭さん」の前に供えられたボラ

もに名前を変える出世魚。また、海面をしばしば飛び跳ねることから「鯔飛《ぼらと》ぶ」という秋の季語もある。村松漁港で水揚げされることはないが、災難も飛び越える魚だから、神饌《しんせん》に選ばれたようだ。ボラは大きいので串に刺して焼く。

手の込んだ神饌を拝見するだけでも、「御頭さん」への敬いが感じられた。

七起こしの舞と大神宮の舞

神社に人々が集まりだした。神楽師《かぐらし》が笛を吹き出すと、「御頭さん」が舞を始める。神社で舞うことを「宮の舞」といい、先代の獅子頭が舞う。御頭舞は、八岐大蛇《やまたのおろち》が須佐之男命《すさのおのみこと》に退治される様子を七段（七起《なな お》こし）に仕立て、表したもので「七起こしの舞」といわれる。

獅子頭は八岐大蛇を演じる。八岐大蛇は貢物《みつぎもの》を探し回る。そこにドブロクを見つけ、喜び、一気に飲み干す。やがて酔っぱらうと、眠ってしまう。この段は敷物が敷かれ、「御頭さん」はそこに横たわるのがユニークだ。最後に八岐大蛇は退治されて、昇天《しょうてん》する。この筋立ては一度見ると、覚えてしまう。村松では、成敗《せいばい》されて苦しむ六段は、一年に一度、神社で舞われるのがしきたりだ。

村松の御頭舞《おかしらまい》は、室町時代の一五一九年に獅子頭を修理した記録があり、少なくとも五百年は続いてきたと考えられる。人々に長く愛される伝統芸能は、老若男女にわかりやすいシンプルなものだとつくづく思った。

伊勢地方の御頭神事は、この「七起こしの舞」が行われるのが共通だ。ただし、この村松には、

「大神宮の舞」がある。境内の神宮遥拝所付近で、外宮の方に向いて、舞うのである。そののち獅子頭が、町内会長より刀を受け、けがれを切り払う祈祷を行う。

なぜ、外宮に向けて舞うのか。それはこの町と外宮に深い関わりがあるからである。ここには、鎌倉末期から南北朝時代の伊勢神宮外宮の神官、村松（度会）家行《いえゆき》の居館《きょかん》があったのである。家行は、伊勢神道の大成者で、南朝の北畠親房に大きな影響を与えた人物でもあった。

また、村松町には、鎌倉時代から江戸時代にかけての大般若経《だいはんにゃきょう》（最大の仏典）が残される（三重県有形文化財）。そこには「村松御厨《みくりや》（神宮に食材を納める神領地）」「大中臣氏《おおなかとみし》（神祇を司る中臣氏の子孫で、神宮祭主を務めた）」など、伊勢神宮ゆかりの名が刻まれている。

「この頃の村松はただの村ではなく、神宮と関係のある相当の力のある村落であったと思われる」（三重県教育委員会文化財データベース）。「大神宮の舞」はこうした歴史をなによりも物語る。

旧年と新年の境を切る

「大神宮の舞」が終わると、「刀抜き」という行事になる。

神社には裃《かみしも》姿、刀を手にした刀抜き衆の若衆が集まっていた。若衆は御頭さんにお賽銭を投げると、次々に鳥居から出て、走り去っていった。うしろから追っていくと、海岸に近い道路に、青松葉を高く積み上げた障害物があり、そこで刀を抜き、振りかざしていた。そして、一団となって青松葉を乗り越えると、町会館前の浜通りに張られたしめ縄のところへ移動し、押し合う。「エットー」「エットー」という掛け声が響く。

冷たい風とともに、みぞれ混じりの雨がぽつぽつと落ちてきた。朝はいい天気であったのに、二月はまだ天候が不安定だ。

そこに二代目の「御頭さん」が、走りこんで来た。熱気が一段と上がる。

御頭神事の刀の祈祷

そして、しめ縄が切られると、刀抜き衆らも御頭さんも一斉に西に向いて走り出した。これが「刀抜き行事」だ。スピード感があり、珍しい行事であるのに驚いた。
あとで聞くと、このしめ縄を季節の境に見立てて、手前が旧年、向こうが新年となり、しめ縄を切ると、「一番春」を目指して若い衆は競争をするのだという。掛け声の「エットー」は、越冬と、頭が栄えるという意味の「栄頭」でもある。

村松の御頭神事は朝の六時、神事にかかわる神楽師などが村松の前の浜で海に入って潔斎《けっさい》を行うことから始まる。そして八時からの祈年《きねん》祭、十時から御頭さんの飾りつけを行い、午後から神社で舞い始め、刀抜きが行われるのである。

このあと、午後三時くらいから、町の各所で御頭舞が行われる。宇氣比神社以外の町内で行う「辻舞《つじまい》」は、じつに十一箇所に上る。これほどあちらこちらで獅子舞を行うのは、かつて町内にあった神社跡などで奉納するものであり、また町内の厄払いをするとともに、西隣の東大淀町と、東隣の有滝町との境界を確認する行事でもあるからだ。

そして夜、御頭神事は火祭りが行われる。村松では山の神の境内がツムギ場と呼ばれ、そこに正月飾りやしめ縄などとともに青松葉の六百束が燃やされるのである。御頭さんは辻舞の締めとしてそこでも舞う。祭りはクライマックスを迎え、人々は盛り上がる。

そのあと、「御頭さん」は人の輪を抜け、神職と神楽師らと海岸へ向かい、「歯がため」を行う。人々は見てはいない儀式だ。静まり返った海岸で、西向きに御頭さんを向け、舞衣を広げて、月の入りを拝むという（『村松の四季』）。祭りの盛り上がったあとの、なんとも神秘的な儀式ではないだろうか。このとき、御頭さんの口に鏡餅を噛ませる。この鏡餅は「特別の歯がため餅」として神楽師会で分ける。

「刀抜き行事」は、季節の境を表すしめ縄を切る

秘儀を終えて神社へ戻る「御頭さん」も見てはいけないのが決まりだ。ご神体である「御頭さん」が町内におでましになり、辻舞を行いながら町中のけがれや災いを祓い清め、最後に山の神のツムギで集めてきたけがれを焼き上げる。そして、「御頭さん」は海岸でけがれを流し、清めると

いうことだろう。

これで、町中の厄が祓われ、新たな一年を迎えるのである。

翌日も御頭さんは、拝殿に飾られる。朝、羽釜で炊いた飯や新しくした御膳を「御頭さん」に供える。翌朝のお膳は、昨日より茹でた水菜を一品多く加えるのが特徴だ。やはり湯気の上がる飯を供えたいという気持ちから、新たに飯を炊くという。朝からお参りをする人もいる。そして夕方、御神酒を供えて、御頭さんをしまう。

湯気の上がる飯を供える人々に、村松の一年は「御頭さん」とともにあると思った。

第二章

酒

お神酒《みき》あがらぬ神はない、とは、大酒飲みの言い訳に使われる。神さまでさえ酒を飲むのだから、人間が飲むのは当然というわけだ。なるほど、神前には当たり前のように酒が供えられる。神に酒を供えるのは古代にまでさかのぼる。記紀《きき》神話や風土記《ふどき》に記され、祭祀遺跡《さいしいせき》からは酒器をはじめ、酒を造る道具なども出土している。古くから酒を醸し、神さまに酒を捧げてきたのだ。なぜ、神さまに酒を供えるのだろうか。

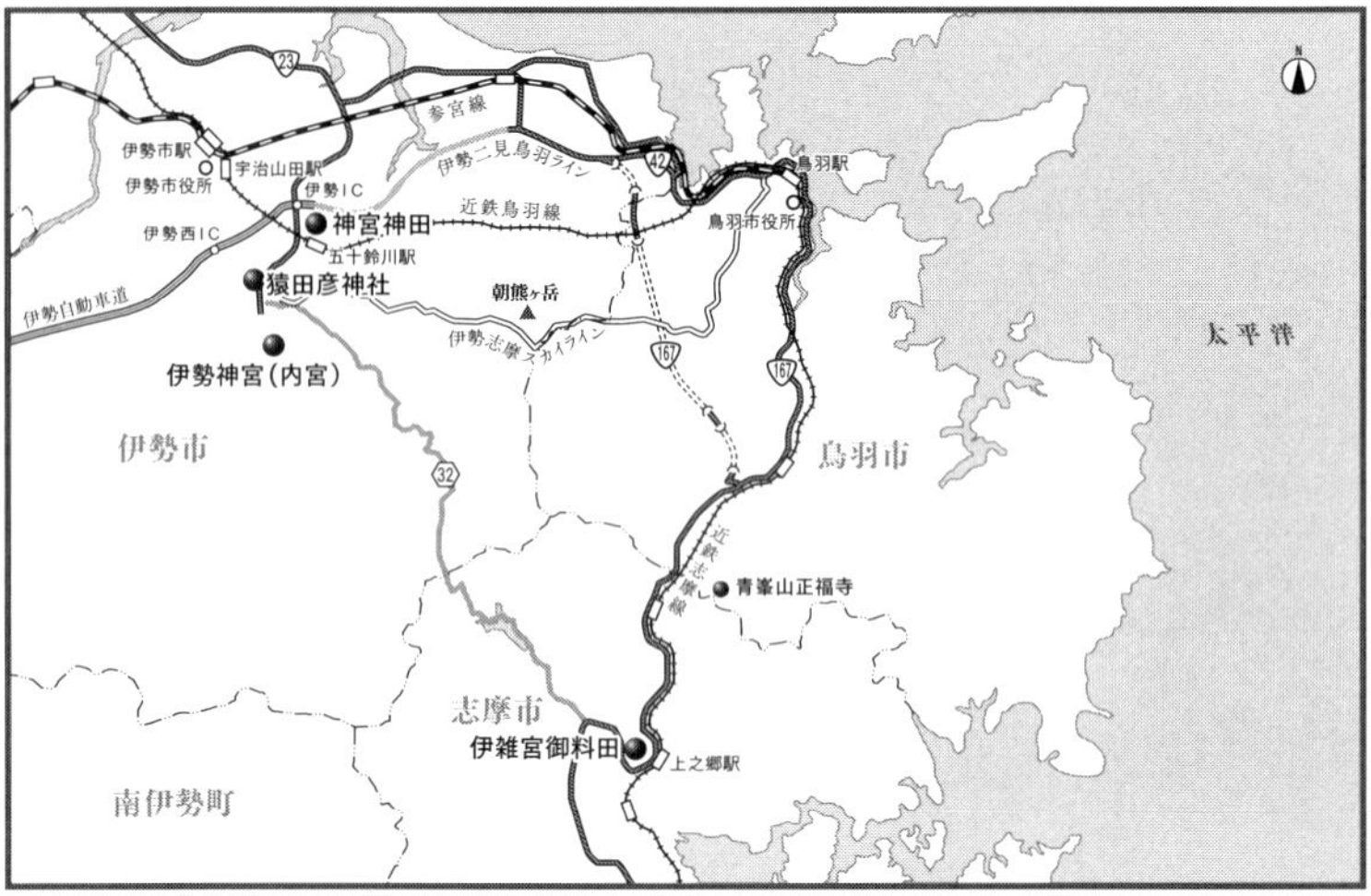

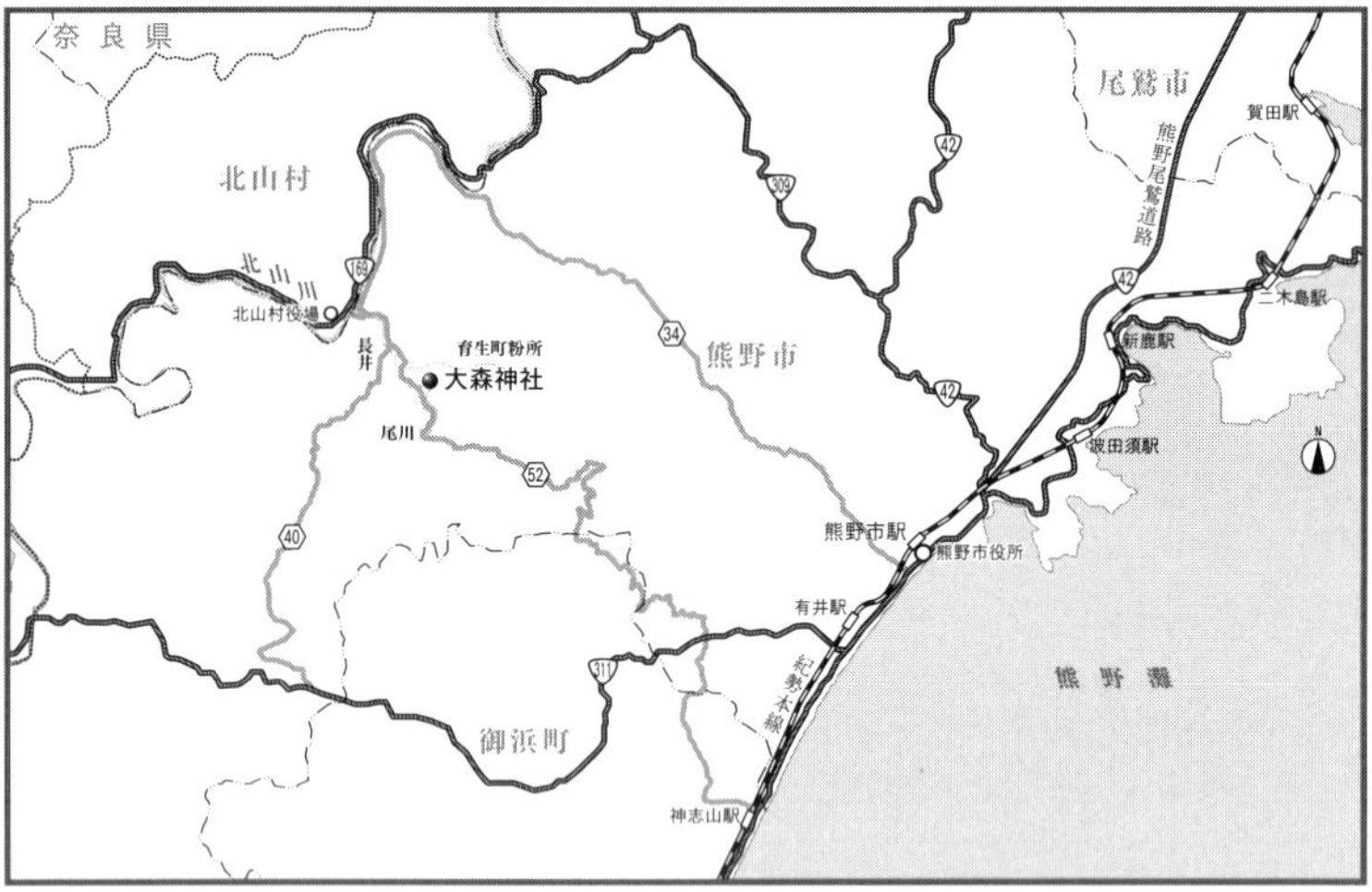

●伊勢神宮内宮
住所　伊勢市宇治舘町 1
電話　0596-24-1111（神宮司庁）
アクセス　近鉄五十鈴川駅からバスで約 6 分、内宮前下車すぐ

●大森神社
住所　熊野市育生町尾川 644
電話　0597-89-0100（熊野市観光協会）
アクセス　JR 熊野市駅から車で約 1 時間

●御酒殿祭《みさかどのさい》　平成二十九年十月一日　伊勢神宮内宮

年三回の御酒造り

伊勢神宮では年に三回、御酒を造る。意外かもしれないが、天照大神《あまてらすおおみかみ》を祭神とする内宮の神域で、六月、十月、十二月に神前に供えるための御酒を醸造しているのである。

御酒殿《みさかどの》といって、御酒を醸すための建物は内宮・外宮とも神域内にある。内宮は参道沿いに建つため、間近に拝見できる。神楽殿《かぐらでん》の東隣、五丈殿《ごじょうでん》の後方に、二つ並ぶ建物のうち、向かって左側の切妻造《きりづまづくり》、板葺《いたぶき》の大きなお社だ。右側の由貴御倉《ゆきのみくら》はお供えものを納めた御倉であったが、こちらは高床式の神明造《しんめいづくり》のお社である。

神宮に限らず、古くから酒殿は広かったことが、平安時代の神楽歌からうかがえる。

「酒殿は広《ひろ》しま広《ひる》し、甕《みか》越しにわが手なとりそ（酒殿は広いから、酒を醸す大きなかめの向こうから私の手をとらないで、回っておいで）」。

男女の情事を思わせる歌であるが、御酒を醸す大きな甕を並べるため、酒殿は広かったことがわかる。神さまに供える酒を神域で醸すことは古くから行われていた。

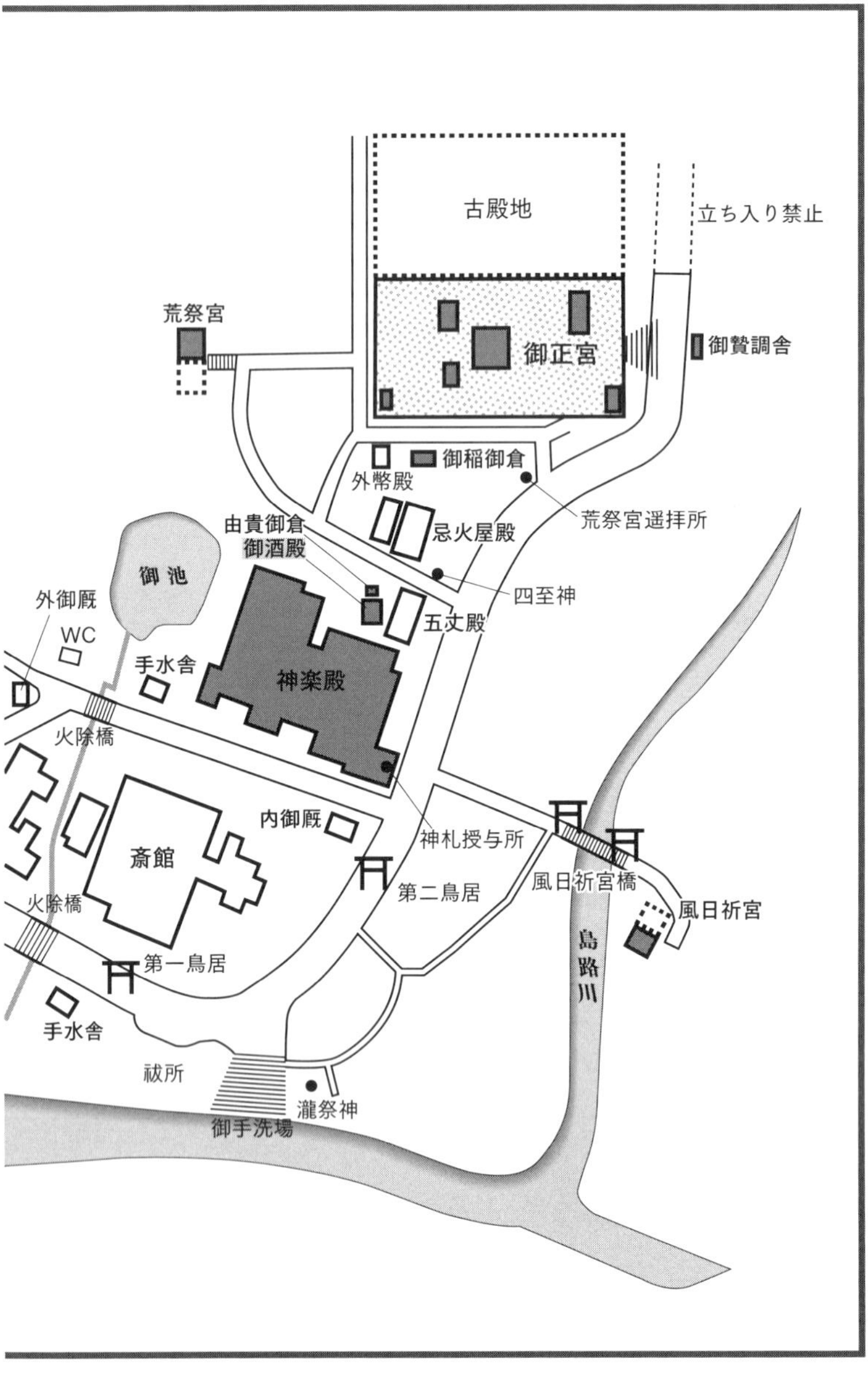
古殿地
立ち入り禁止
荒祭宮
御正宮
御贄調舎
御稲御倉
外幣殿
荒祭宮遥拝所
由貴御倉
御酒殿
忌火屋殿
御池
四至神
外御厩
五丈殿
WC
手水舎
神楽殿
火除橋
内御厩
神札授与所
斎館
第二鳥居
風日祈宮橋
火除橋
風日祈宮
第一鳥居
島路川
手水舎
祓所
瀧祭神
御手洗場

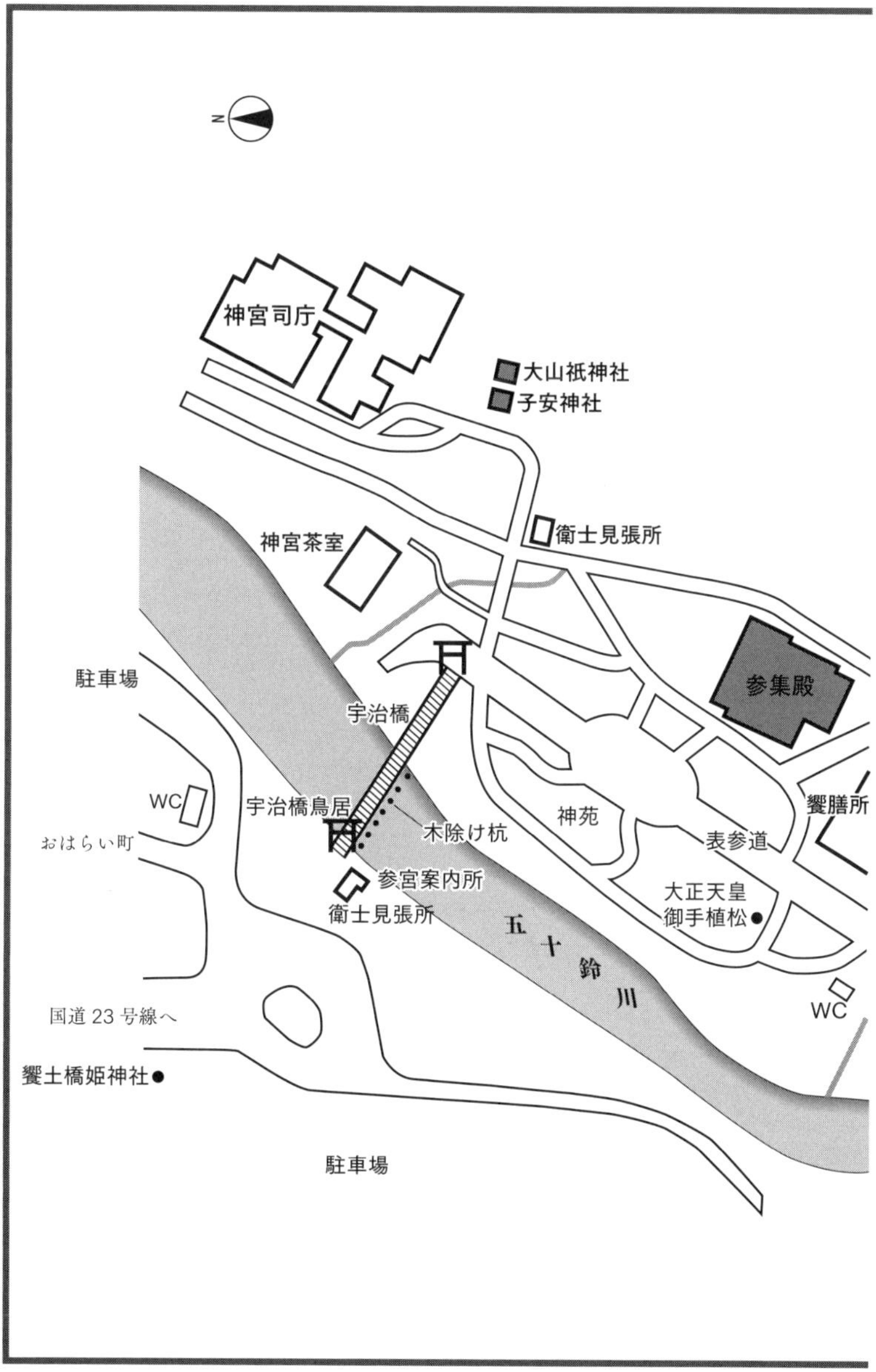

伊勢神宮内宮案内図　図の右中ほど、神楽殿の上に御酒殿がある

麗しく御酒が醸せますように

伊勢神宮では、御料酒が麗しく醸造できるように、あわせて全国酒造業の繁栄を祈る御酒殿祭を内宮御酒殿で執り行う。六月、十月、十二月のいずれも一日、まず御酒殿祭を行ったのちに酒造りを始め、出来上がった御酒を十五日からの神嘗祭《かんなめさい》、月次祭《つきなみさい》で神前に供えるのである。

参進。三重県酒造組合の会員が参道脇で正列

御酒殿祭は、午前十時前、神職ら五人が内宮の斎館《さいかん》（祭典前におこもりする建物）を出て、参進し、忌火屋殿《いみびやでん》前で修祓《しゅばつ》を行う。参道には、正装した五十人ほどが整列している。三重県酒造組合の会員で、年に三度の御酒殿祭には欠かさずお参りするという。三重で酒造りを生業とする人々が、伊勢神宮のこのお祭りをいかに大切にしているかがうかがわれた。

御酒殿に場所を移し、お祭りが行われた。関係者は椅子に腰かけるが、神職は地面に敷いた薄い敷物の上に履物を脱いで座る。神職の礼を尽くした所作を間近にすると、居住まいを正される思いがする。

お祭りは神饌を辛櫃《からひつ》から出して、案《あん》（木製の台）の上に並べ、祝詞を奏上する。神饌は、高く積まれた餅や、赤い伊勢海老などが見て取れる。御酒殿は、神宮の御料《ごりょう》に関わる所管社《しょかんしゃ》で、御酒殿を守る神が祭神だ。

神饌が下げられた後、一人の神職が御酒殿内に入る。酒造りに欠かせない米麹《こめこうじ》が入った木筒を取り出し、外にいる神職に渡す。この麹は前日に納められたものだ。ここを取材陣は撮影するのだが、神宮では忌麹《いみ》（清らかな麹）と呼び、どこの麹かは明らかにされていない。

案の上に神饌を並べ、祭典が行われる

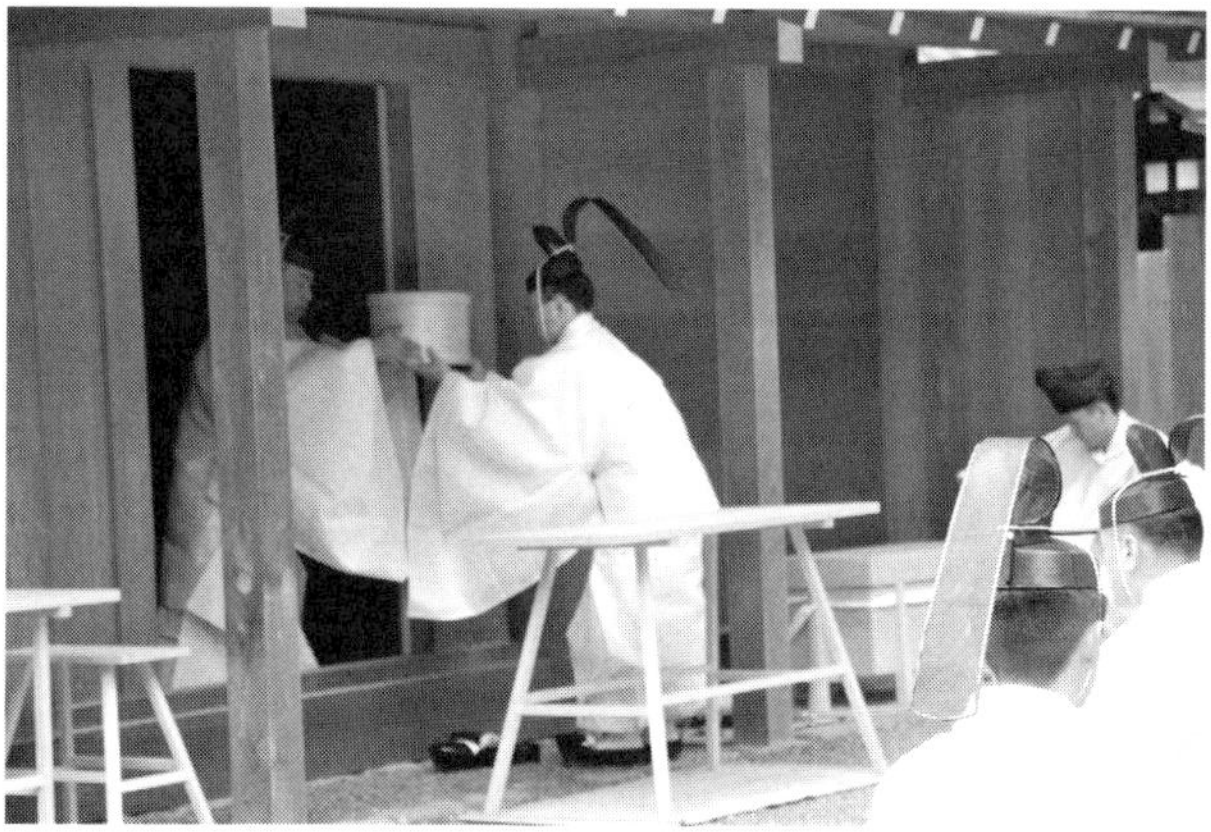
前日に納められた麹の桶が出される

御酒造りは、この麹菌が要《かなめ》になる。最も古い記録は、奈良時代の『播磨国風土記』に、「蒸した米を神社の神さまに供えたところ、カビが生えたので、それで酒を醸した」というものだ。農学博士で、発酵に詳しい小泉武夫氏は、麹を使った酒造りは大陸から伝播した説もあるが、中国の麹と日本のものは全く異なる上に、日本で麹が発生したことが古文書にあることから、大陸伝播説を否定している。麹菌は、湿度が高く、カビが発生しやすい日本の気候風土が生んだ日本以外ではほとんど使われない独自性の強い菌であるため、日本醸造学会では「国菌」に定めているという。

御酒殿から出された米麹は、辛櫃に納められ、忌火屋殿へ運ばれていった。現在は、御酒殿ではなく、祭典の神饌を調える内宮の忌火屋殿で約十日間かけて酒造りは行われている。その際には神宮神田で収穫したもち米、神域の井戸（外宮の上御井《かみのみい》神社）から汲んだ水、そして御酒殿から出された麹を用い、神宮の神職自らが造る。

神さまに供える御酒を調える前に、お祭りを行う。伊勢神宮では年間千五百回にのぼるお祭りを行うが、神に供えるもの（御料）を造るにあたってもていねいに神さまへの感謝の念を捧げるのだ。こうしたお祭りが千年以上にわたり続いている。

参列した酒造関係者もお祭りが無事に済み、柔らかな表情に変わった。

三節祭に供える四種類の御酒

これから、神嘗祭（十月十五日～）に供える酒造りが始まる。日本では天照大神《あまてらすおおみかみ》が天上界で育てた稲穂を孫の瓊瓊杵尊《ににぎのみこと》に授け、稲作が地上にもたらされたと神話は伝える。神嘗祭は、今年収穫された初穂を神前に供え、感謝を捧げる一年で最も重要な神宮のお祭りだ。

神嘗祭と六月・十二月月次祭（三節祭）で供えられる御酒は四種類に及ぶ。

白酒（しろき）

黒酒（くろき）

醴酒（れいしゅ、一夜酒）

清酒（せいしゅ）

このうち、内宮で醸造されるのは、三種類。清酒は醸造が困難なため、酒造会社で造られたものを使う。

白酒は、粘りのある白く濁った酒。どぶろくのようなもので、蒸したもち米に米麹を加えて造る。

黒酒は、白酒にクサギの焼灰を混ぜたもの。『万葉集』には、黒酒と白酒を供え、祝福した歌が詠まれる。

「天地《あめつち》と久しきまでに万代《よろずよ》に仕《つか》へまつらむ黒酒白酒《くろきしろき》を（天地とともに永久に万代までお仕え申し上げよう、黒酒と白酒をお供えして）」

『万葉集』巻十九・四二七五

新嘗祭《にいなめさい》、大嘗祭《だいじょうさい》などに神前に供える二種類の御酒で、大嘗祭の際には、白酒を醸造する白酒殿がお目見えするという。

御神酒徳利《おみきどくり》というのは、御酒を神前に供える一対の徳利を指すが、これは白酒と黒酒を供えたことに由来している。たとえ清酒でも御神酒ならば、二本供えるのが本来であるという。ここからいつも一緒にいる二人を御神酒徳利と呼ぶ。かつては落語などで知られていたようだ。

醴酒は、冷酒ではなく、一夜酒といって、未発酵で米粒が残っているもの。神饌を取材位置から拝見していると、杯の上に盛ってあるのが見て取れる。日本酒のルーツは、女性が米を口に含んで噛《か》む「口噛《くちか》み酒《さけ》」だった。これを一晩で作るため、一夜酒の名がある。

口で噛むだけで酒ができるのか、不思議に思うが、唾液に含まれる消化酵素が穀物に含まれるデンプン質を分解し、そこに空気中の酵母が入って発酵し、酒になる。日本では縄文時代晩期に米の御酒が造られるようになったようで（『発酵のきほん』舘博監修）、科学的な説明ができない古代にあっては、米に宿る穀霊《こくれい》によって酒になる、つまり神業《かみわざ》と考えられていたのではないか。

近年、話題となった映画『君の名は。』では、神社の娘であるヒロインが、妹と一緒にこの口噛み酒を造る場面があった。ヒロインはその場面を同級生に見られ、恥ずかしい思いをしていたが、かつての口噛み酒がリアリティをもって映像化されていた。

平安時代初めに内宮の儀式などをまとめた『皇太神宮儀式帳』には、「酒作物忌《さかとくのものいみ》」が白酒を、「清酒作物忌《きよさかとくのものいみ》」が黒酒を造っていたことが記されている。物忌は、神に仕える童女のこと、つまり酒を造る少女が伊勢神宮にいたのだ。ただし、実際に醸造に関わっていたかはわからない。

楽とともに御酒が三献

四種類の御酒が供えられるのは、三節祭《さんせつさい》と呼ばれる十月の神嘗祭《かんなめさい》、六月と十二月の月次祭《つきなみ》に限られる。日々の食事を供える日別朝夕大御饌祭《ひごとあさゆうおおみけさい》では清酒のみである。

三節祭では、夜に行われる大御饌《おおみけ》の儀で、三十品目におよぶ神饌《しんせん》が出される。午後十時と翌午前二時の二回、神饌を納めた辛櫃《からひつ》はお祓いを受けたあと、正宮の御門を入り、もっとも内側にあたる瑞垣《みずがき》内で神前に供える。

私たちは拝見することはできず、御垣の外から、暗闇に照らされるかがり火や、ギギーっと扉の開く音、神職たちの柏手の音などに耳をすます。やがて、篳篥《ひちりき》や尺拍子《しゃくびょうし》の神楽《かぐら》の音色が響いてくる。神宮の楽人らがたおやかな楽《がく》を奏でるなか、神さまに食が供えられるのだ。

御酒が一献、二献、三献と出されるたびに、神楽の曲が変わるという。かがり火のもと、豪華な神饌に、音楽が奏でられ神さまをもてなす。なんとも雅な夜のお祭りである。

神さまが授けてくださった米で造った酒。それはまた神業ともいえる発酵を経て出来上がったものだ。御酒もやはり神さまに感謝を申し上げる神饌にふさわしいものと思えた。

●どぶろく祭り

熊野市育生町《いくせいちょう》　大森神社　平成二十九年十一月二十三日

熊野の山奥で、どぶろく造り

十月末、熊野で、祭り用のどぶろくの仕込みが始まったと聞いた。

以前、岐阜県飛騨地方の神社で氏子醸造のどぶろくを晩秋にいただいたことがある。飛騨の冷え込み時期は早いが、熊野はまだ暖かいのではないかと、心配しながら熊野市へ連絡を入れた。地区の神社総代と連絡を取り、さっそく出向くことになった。

熊野市の元職員で、地域の歴史に詳しい三石学さんに同行いただく。三石さんは何度もどぶろく祭りに参加したことがあるという。

「どぐろくは胃の中で発酵するので、気が付くとすでに酔っていて、足元がふらつくよ」

なかなかに手ごわそうである。

大森神社は、奈良県境近くの育生町にある。緑の山々に囲まれ、集落と田畑が広がるこぢんまりとした地。青空にそびえる山は、修験道の地で、天狗の伝説がある大丹倉《おおにくら》だ。七里御浜の大海原から一時間ほどでこの雄大な景色、はるばると来た感がする。神社は、北山川へ注ぐ尾川《おがわ》川の岸辺に建つ。尾川川は透明度が高く、水底が透けて見える。今日は、神社近くの醸造所へ向かう。神社総代のお二人が迎えてくれた。

神社総代三人による醸造

大森神社は、育生町の尾川《おがわ》、長井、粉所《こどころ》の三つの地区の氏神となっており、その代表となる神社総代も各地区からそれぞれ輩出し、三人いる。十一月二十三日の例大祭へ向けてのどぶろく造りは、この三人の神社総代に限られる。他の人は造ることができない。それほどにどぶろく造りは地区にとって重大で、代々伝えられてきたものなのだ。

私が訪れたのは、十一月中ごろで、四回目の仕込み作業が終わり、最終段階に入っていた。醸造所と看板を上げる建物は、二部屋に分かれ、一つは醸造タンクを置く部屋、もう一つは米を蒸す部屋であった。

仕込み。どぶろくをかきまぜる総代

醸造タンクには、白く濁ったどぶろくが半分ほど入っていた。ホウロウ製のタンクは昭和三十四年に灘の酒造メーカーから譲り受けたものという。

二百三十リットルのどぶろくを造るために、今年は十月二十三日から仕込みを始め、二十五日、二十七日、二十九日と作業は四度にわたった。

仕込んでから大切なのは、温度管理である。そのため、三人の神社総代が交代で朝、昼、夕と醸造所に出向き、温度を測り、どぶろくをかき混ぜる。タンクの内部が十六~十七度、部屋の温度は二十二度を適温とする。山間の地である育生町は、十月下旬から十一月にかけては霜も降りるほどで、気温はそれほど上がらない。

しかし、この時期になっても気温が下がらない年は、床に水を撒いたり、袋に入れた氷で冷やしたりする。この期間、総代三人はケンカをすることもなく、土地の神さまに供える酒をしゅくしゅくと造ると話してくれた。

材料は地元産のコシヒカリを使う。一〇パーセントほど精米したものを蒸籠《せいろ》で蒸し、その蒸した米を板の上に拡げる。かつては、米ごと板を部屋の外へ出して、二十度くらいまで冷やし、仕込みの一日前に米麹《こめこうじ》をつくる作業をしていたが、今は、紀北町《きほくちょう》の河村こうじ店に米をもっていき、つけてもらうという。そして、醸造所の脇を流れる谷の上流から汲んできた水を加え、タンクに酒母《しゅぼ》を仕込む。この水を汲む淵も特別な場所で、禊を行うこともあると教えてくれた。

さらに、麹の量を少しずつ増やして、蒸した米を三回加える。

「前任者から口伝えで教えてもらいましたが、平成十二年から造り始め、年に一度のことなので、ようやくわかってきたのが五年くらいしてからですね。まったくの素人が造っているのはここだけじゃないですかね」

と、総代の一人、西正司さんは笑う。西さんは、今ではこのどぶろく造りの腕が買われ、熊野市ふるさと振興公社で販売する、丸山千枚田の米を使ったどぶろくを造っている。熊野市は国の「どぶろく特区」の許可を受け、酒類を造ることができるのだ。

春日造りの神社の霜月祭

再び育生町を訪れたのは、十一月二十三日の大森神社例大祭の日。神社の前には幟が立ち、大勢の人の姿が見える。

午前十時前、拝殿に上がらせてもらい、祭りを拝見する。天児屋命《あめのこやねのみこと》をまつる社殿は、奈良の春日大社本殿の建築様式である春日造だ。熊野地方では珍しいという。創建は建保元年（一二一三）までさかのぼり、春日大社より勧請したと伝わる。そのため、社殿は奈良の方面を向く北向きに建てられていた。

大森神社のどぶろく祭りについては、前千雄氏の『どぶろくの宮』が詳しい。それによれば、もともとは旧暦十一月一日に行っていた「霜月祭《しもつきまつり》」で、春日大社を勧請《かんじょう》して以来、どぶろくを供えてきたという。

春日大社には今も、平安時代の創建と伝わる酒殿《さかどの》が現存し、春日祭に供える御酒を造っている。勧請した際に、酒の醸造法も伝わったのではないかと考えた。江戸時代は当屋《とうや》（祭礼を主宰する家）の家で酒造していたが、明治に入ってからか、別に酒蔵を建て、杜氏《とうじ》の指導により醸造していた。

内陣での祭典

神饌。前列の右から２番めが、どぶろくの入った本樽

「九拝」の作法

大きな転機は、明治二十九年（一八九六）の酒税法の改正により一般の醸造が禁止されたことである。どぶろくを造っていた各地の神社も、ほとんどがこれを機に辞め、市販のものを購入するようになった。

しかし、大森神社では当屋が免税の申請を三重県知事に提出した。醸造した酒は祭りですべて使い切り、販売しない旨を約束したため、七斗《と》(約一二六リットル)の製造が許されたという。それほどに酒造りへのこだわりがあったのがうかがえる。

儀式は、本殿前の内陣《ないじん》と呼ばれる場所で行われた。木の御垣ではなく、石を積み上げた頑丈な石垣で囲まれた空間は厳かな雰囲気だ。参列者は敷き詰められた玉石の上の敷物に着座する。尾川地区が向かって右側に、長井・粉所地区が左側に向かいあって座る。大人は正装し、男児は羽織袴、女児は色鮮やかな着物を着ている。

本殿前の正中《せいちゅう》(中央)には細長い敷物がまっすぐに敷かれる。神職は履物を履き替え、白布の上を、神饌《しんせん》を手に本殿に進む。木桶に納めたどぶろくも供えられる。

祝詞奏上のあと、左右に参列する当主らが、大きなミテグラ(御幣)をもち、左右に三度ずつ振る「九拝」の作法を行う。羽織袴姿の男児も伴う。

その際、後見という役目の男性たちが、蒸したうるち米を手で固めたものと鏡餅を載せた杉板を、内陣にまつられた小さな社に供える。左手前は伊勢、左奥が稲荷、右奥が阿須賀《あすか》、右手前が荒神《こうじん》、そして拝殿の外にも玉置《たまき》神社を祀っているのが珍しく映った。

祭りを仕切る当屋が主体となる昔ながらの儀式であった。一時間ほどで儀式が終わる。

年に一度のどぶろくを

正午からは、どぶろくのふるまいが始まる。すでに神社前の広場にはブルーシートが広げられ、

祭典後のどぶろくのふるまい。大勢の人が集まる

米粒が残るどぶろく

地元の産物を売る露店も出ている。そこには、地元の窯元で製作した杯（ちょこ）も販売されている。同行の三石さんのアイデアという。さんま寿し、昆布さば寿し、手作りのおでんや弁当、草餅、栗餅なども販売されている。アユのなれずしを見つけ、さっそく試食してみたが、匂いがきつすぎてだめだった。このふるまいを目当てにして、近郷から集まるようで、儀式以上に人が集まってい

る。

総代の一人、市村さんが舞台に立ち、挨拶をした。「孫より大事に育てたどぶろく」に笑い声が起きる。

半被を着た男性たちが、人々のちょこや紙コップについでいく。購入した陶器のちょこにも、並々とついでもらう。とろりとしたどぶろくは、濃厚な味。飲みすぎると、立ちあがれなくなると聞いていたので、二杯までにした。まわりの人々は長居をすると決めたのか、本腰を入れて、飲み交わしている。皆、笑顔である。

俳句では秋の季語に「濁り酒」、「どびろく」がある。俳人の高浜虚子もどぶろくに酔って、体勢をくずしたようだ。

どびろくや酔うて肱つく膝の上　　高浜虚子

毎年、どぶろくの味は異なると聞いた。気温が低いとおいしいが、高いと酸味がでるという。今年は、「おいしい」仕上がりだ。

去年、地区の世話役を務めた方に話しかけられた。「オダ淵で禊をしたときには足が震えた」という。淵の水はそれほどに冷たいようだ。祭りの前には、地区の世話役も禊をするようだ。少子高齢化で担い手が少ないが、なんとか存続していきたいと熱く語る。

「なにせ一年に一度の贅沢、楽しみですから」

山里に伝わる「どぶろく」造り。『日本の食とこころ、そのルーツと行方』（国学院大学日本文化研究所）には、かつて酒を飲むのは神祭りのときだけとある。本格的に庶民が日常で飲むようになったのは、日清戦争後で、軍隊では酒を日常的に兵士に飲ませたため、戦争が終わって兵士が自宅に帰ってきても飲むようになったという。

どぶろく祭りは、年に一度の大盤振る舞い、御酒をめいっぱい飲んでいい日であったのだ。そろそろ山は紅葉黄葉が始まる頃。澄み切った青空の下、宴会はまだまだ続いていた。

第三章

飯

古くから日本人の主食となってきた米。神社の神饌としては、洗米を供えることが多いが、ときに米は炊いて飯とし、蒸して餅や赤飯にしてきた。伊勢神宮の一年で最も重要な祭典、神嘗祭《かんなめさい》は新穀を供え、神さまに感謝を申し上げる。新穀は蒸して飯に、餅に、酒に調製される。内玉垣には天皇陛下が皇居で育てられた根付きの御初穂が掛けられる。お祭りに用いる祭器を新しくすることから、「神嘗正月」という。古くから稲作を行ってきた伊賀の地では、米の収穫に感謝する秋祭りでユニークな行事がある。

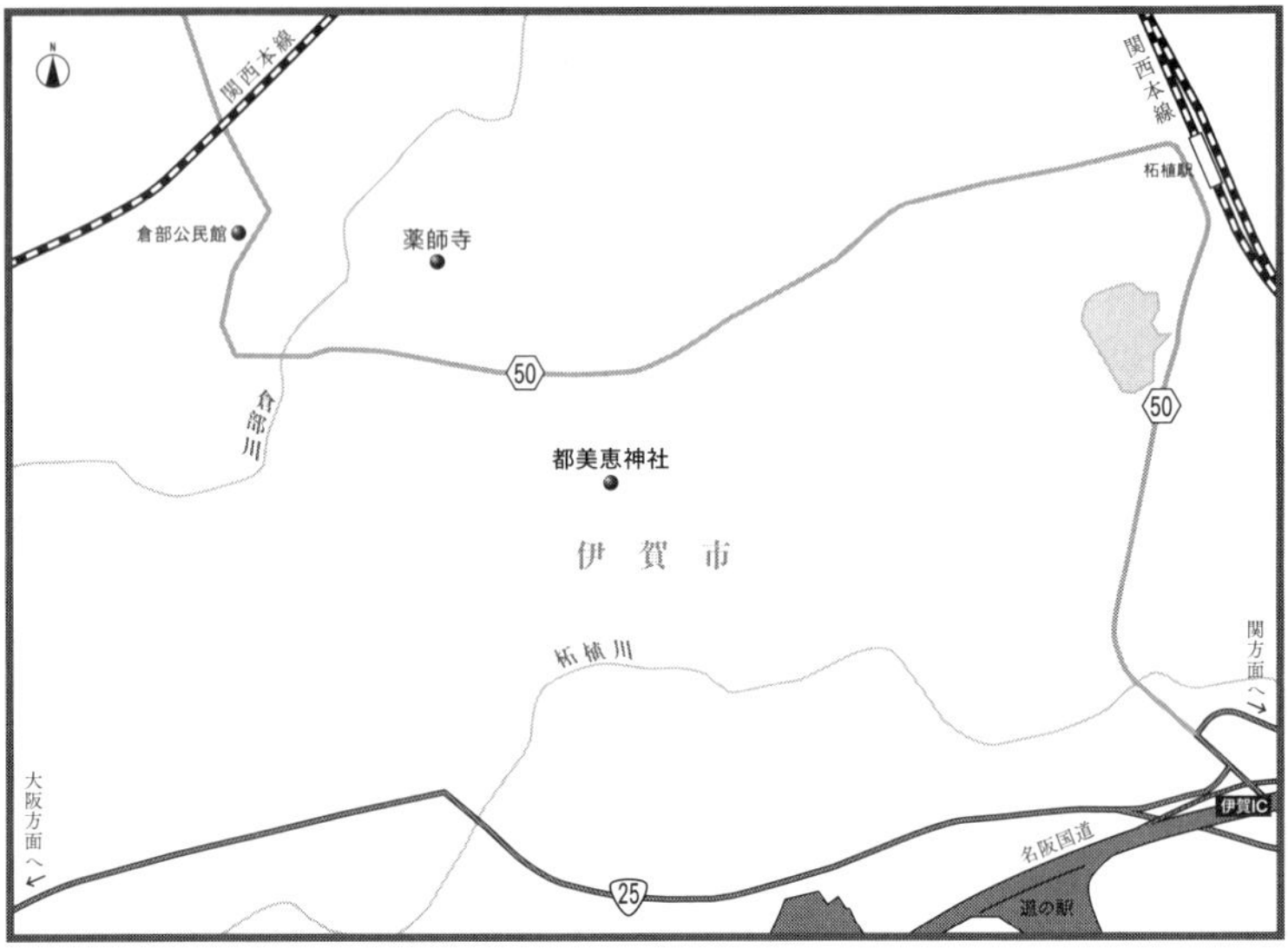

●都美恵神社
住所　伊賀市柘植町 2280
電話　0595-45-3636
アクセス　名阪国道・伊賀 IC から車で約 10 分

●倉部公民館
住所　伊賀市柘植町 296
電話　0595-45-1026
アクセス　名阪国道・伊賀 IC から車で約 15 分

●倉部《くらぶ》の大飯祭　平成三十年十月二十一日　伊賀市柘植《つげ》町　都美恵《つみえ》神社、倉部公民館

皇子軍も家康も越えた柘植

三重県で最初にできた鉄道の駅を知った。
伊賀盆地の北東に位置する「柘植」駅である。関西本線と草津線の分岐する急行停車駅で、明治二十三年（一八九〇）に開通した。柘植歴史資料館には、三大柘植越えとして、古代の壬申《じんしん》の乱の大海人皇子《おおあまのみこ》軍（のちの天武天皇）、京の都から伊勢神宮に奉仕する斎王《さいおう》、そして本能寺の変後の徳川家康の伊賀越えが紹介されている。なるほど古くからこの地は西と東を結ぶ交通の要衝として歴史を刻んできたのだ。

ここに、山盛りの飯を食べる珍しい祭りがあると聞いた。倉部と書いて、「くらぶ」という地区だ。その名はすでに奈良時代から鎌倉時代に見られ、「くらふやま」という歌枕の地でもある。

柘植駅から車で十分ほど、集落の中にある倉部公民館に着くと、すでに礼服姿の男性たちがいた。その一人、小川誠一さんが迎えてくれた。今年、祭りの長老となる「七人衆《しちにんしゅう》」の頭《かしら》という重責を担う。

「若い頃は七十歳になって七人衆に上がった親戚を見て、あそこまで生きられたらええがなと思っていたのですが、私はもう八十一歳になりました」と笑う。年に一度、地区の人々が一堂に会する

席で先輩の姿を見てきたのだ。

調理室ではエプロン姿の女性たちが立ち働いていた。米は地区で収穫されたコシヒカリ一俵（四斗《と》）を用意し、飯盛用に一斗五升（約百五十合《ごう》）をガス釜で三回に分けて炊く。そして汁の用意もある。前日に煮干しと鰹節で大鍋に出汁《だし》をとる。出汁をとった煮干しがビニール袋に詰められていたが、その量の多さに手間がうかがえた。

大飯祭は、倉部天神祭という。午前中に、倉部天神社が合祀《ごうし》された都美恵《つみえ》神社へ七人衆が参拝に向かう。神社からは標高七六五メートルの霊山が望める。都美恵神社は、平安時代初期の『皇太神《こうたいじん》宮《ぐう》儀式帳』（伊勢神宮の儀式、行事を記した書。八〇四年、神宮から朝廷に提出）に天照《あまてらす》大神の鎮座地を探す倭姫命《やまとひめのみこと》が二年立ち寄ったと記される阿閇《あへ》柘植宮とされ、もともとは霊山の中腹にあったと伝わる。

祭りに参加できるのは、天神講《てんじんこう》に入っている戸主の男性のみ。伊勢講などで知られる講はその昔、村人が日々の生活を送るにあたり、互いに助け合い、憩い合うために組織した相互扶助組織だ。『伊賀町史』には伊賀地域にさまざまな講が組織されたとある。天神講もその一つで、かつては毎年十月十八日（現在は第三日曜）に集会所に集まり、ご馳走のお膳と大盛りの飯を食べてきたのだ。

七人衆が神社から戻り、午前十一時、準備が整ったことを集落中に知らせるため、太鼓を乗せた軽トラックがぐるりと回った。いよいよ大飯を食べる祭りが始まる。

飯は残してはいけない

集合は正午。祭りの当番（当人《とうにん》と年預《ねんにょ》）たちが公民館の玄関で人々を迎える。遅刻は許されない。最後の一人が来て、一同がほっとした。

欠席者用の受け膳。あとで取りにくる

そして、大広間で祭りが始まる。五人の当人のうち年長の当頭《とうかしら》が、「七人衆さま、ご一統《いっとう》さま、皆様お揃いのようですので」とあいさつを始めた。その際に「今日の欠席は九名となっており」と欠席者の説明を行う。家に不幸や、当主が病気であれば祭りには参加できない。今年は四十六人分のお膳を用意した。そのうち欠席の九人分は「受け膳」として棚にすえ置かれ、のちほど家人が取りに来る。倉部地区は七十九世帯、約二百五十人であるから、全員が講に入っているわけではない。

最初の三十分は杯の儀式だ。冷酒一献と温酒二献をついで回る。この間は誰もしゃべることはできず、女人も禁制。私も部屋の外で待機した。

大広間の舞台を背にして最前列に、七人衆がずらりと並ぶ。そして、向かって左側に、上手から浜地家、都美恵神社宮司、

御酒をつぐ

区長の順に座り、そこからは年長者から座る。右側もその続きで、最も若い人は右手の上手になる。講員が多かった頃は、広間の中央にも二列座ったが、今は両側だけですむようになった。この祭りが「年重祭《としかさまつり》」ともいわれるのは、生まれた年、生まれた月の順番に座ることを重要視するからである。

広間の入口に、祭りの準備を担当する五人の当人の年長者、当頭が座り、当人や年預（当人の手伝いと後見役）らに指示を出す。

七人衆頭の「箸をとれ」の合図で宴会が始まる。ここからは私も大広間に入らせてもらう。まずはたっぷりとお酒がつがれる。手伝いの女性が椀に汁をついでいく。ここでも「汁つぎが入りますが、よろしいか」と最初に当頭は一同にことわりを入れる。講員が集まるこの祭りは、全員の賛同を得て、儀式が進んでいくと感じた。ほかの地区からは倉部は封建的といわれることもあるというが、白いご飯をお腹いっぱい、一緒に食べている様子は和気あいあいに見てとれた。

平成三年に撮影された映像では、女性は着物姿だったが、今は洋服だ。七人衆もかつては羽織袴を身に付けた。資料によれば、祭りの改正は、昭和三十六年九月、平成十七年九月、十八年五月に行われている。服装やお膳の献立、前日のもてなしなどの簡略化や変更を行い、今に続いてきている。じつは当主が女性であっても参加できるように変更され、一度は数人の女性が参加したものの翌年からは来なくなった経緯がある。

祭りの冒頭、七人衆頭のあいさつで、小川さんは講員の減少による現状に、今後どうするのか七人衆や区長、神社総代などで相談をしている旨を告げ、講員からの意見がほしいと述べていた。少子高齢化、地域の過疎化などで、伝統的なお祭りの継続はここだけでなく、今、さまざまな地域で課題となっている。お祭りを止めるのか、形を変えて存続するのか、いずれにせよ今のままでは存続は難しいところにきているようだ。

祭りの山場である、大飯《おおめし》盛《も》りが始まった。大広間にシートが敷かれ、当人たちが塗り椀に飯をたっぷりと盛る。箸の高さが目安になるという。ぺたぺたとしゃもじで形を整えながら、高盛にしていく。そして、女性たちがそれぞれのお膳に運ぶ。

大飯をよそう

軽々と平らげる人、「今日のために、昼に大飯を食べる稽古をしましたよ。三キロ太りました」と笑う人、大飯に挑む姿勢はそれぞれだ。お膳には、焼鯛、酢れんこん、焼かまぼこ、梅花焼、青昆布をあしらった焼き豆腐、スダチ、リンゴまるごと一個がのる。飯のおかずとして香の物と、汁がある。汁を大量に用意するのは、大飯を平らげるのに必要だからだ。

最前列の七人衆は七十代が多いが、食べなれているせいか、誰も残さない。この大飯は一粒残しても、おかわりをしてもいけない決まりである。

「だめ」と呼ばれる、もち湯（焼おにぎりを湯に入れたもの）が回り、お膳が引かれると、太鼓が鳴らされ、新旧の当人が中央に座り、「当渡し《とうわた》」の儀式が始まる。一同、神妙に見守る。

今年の当頭から来年の当頭に「寿留女《するめ》」が渡される。寿が留まるようにという縁起物である。そのあとは、片付けが行われ、祭りに使われた膳や椀は来年の年預頭に引き渡す。

当屋渡しの儀では、するめが渡される

神に仏に祈る雨乞い

それにしてもなぜこんな大飯を食べるようになったのか。

伊賀地方は古くから稲作の盛んな地。江戸時代、藤堂藩は新田開発を進め、石高が増加している。

しかし、この地域は干害に悩まされてきた。国指定文化財である勝手《かって》神社の神事踊（羯鼓踊《かんこおどり》）りは、雨乞いを主に祈願するものであるし、地域の神社には祈願が叶い、雨が降ったことを喜び奉納した絵馬が掲げられたりしている。

『伊賀町史』には、大正十一年の倉部の雨乞笹踊りの記録が掲載されていた。

五月二十五日から始まった祈願は、最初は「常式祈願」、次に氏子日参、家並行灯込願、三日間氏子参籠《さんろう》して千度詣り、六月十日に降雨があり、氏神に参拝するも、雨量が少なく植え付けできず（田植え）さらに、雨乞祈願は続き、雨乞踊が五日連続で行われる。そして六月二十五日に降雨。それでも少ないので二十六、二十七日、氏子日参し、笹踊込願をするとある。

一カ月以上、倉部では地区をあげて雨乞いを行い、待望の喜雨《きう》を得て田植えをしているのである。そのあとは昭和十四、十五年の記録も残るとある。ここ百年足らずの出来事である。

降雨量だけでなく、この地域の地形と地質がもたらすものも大きい。

伊賀東部の柘植川上流部は、周囲を山に囲まれ、深い谷底を流れる川から農業用水を引き入れることが難しい地域で、天水（雨水）を貯めて米作りを行ってきた。

また、「ズネンコ」と呼ばれる重粘土地帯のため、牛馬が水田を耕すことができず、人力が頼りで、ほかの地域よりその手間は倍以上かかった。

そして、一度旱魃《かんばつ》ともなれば、地下九十センチから一メートル二十センチの亀裂ができ、水を保つことができず、畦掘《あぜ》、床張という重労働の作業を行わないと、元の水田には戻らなかったと、町史は水との闘いであった伊賀の稲作を伝える。

盆地の寒暖差や地質を生かし、おいしい米が採れると今では米どころとして知られるが、こうした先人たちの苦労を知ると、大盛の飯の貴重さと、その喜びが伝わってくるようだ。

大飯

地域を挙げての豊作を喜ぶお祭りではないだろうか。天神講は、宗教的というより、地域のつながりを保つ目的が強かった。全国的にも珍しい天水による重粘土帯の米作りも、戦後、農業の機械化によって解消されていった。灌漑用水も貯水池から強力なポンプで上げることもでき、干害被害もなくなった。

大盛の飯に込められた思いとは何だったのか。先人の努力への感謝なのか、米作りを終えた慰労か。はじめはもっと万感の思いで食べていたのだろうか。

米どころの大飯には、時代と天神講の人々を映し込んでいるように思った。

倉部天神祭の由来を聞く

浜地一清さん、昭和７年生まれ

浜地家の敷地にまつる天満宮

倉部天神祭で、七人衆や当頭とは別に深く関係するのが浜地家である。浜地家の先祖がこの地に移り住み、神を天神社としてまつったことがルーツといわれるが、その真相とは。

私で何代目かわかりませんが、所蔵する『天満宮来由録』によれば、浜地ではなく浜路と書かれています。もともとは信州（長野県）諏訪明神の社地にあった天満宮を、伊賀国への所替えと一緒に遷したのが始まりです。

今も家の裏庭には天満宮の祠をまつっています。本物の3分の1ほどの大きさらしいですが、立派な細工が施してあり、今ではとても再現できません。

元亀元年（1570）11月に地区内の風の社などを合祀して天神社としました。薬師寺の裏山に天神社跡の石碑が立ちますが、その天神社の社殿の棟上げ式に、講員30人が参列したとあります。これが倉部の天神講の最初の表れです。そう、相互扶助の会ですね。倉部天神祭はこの講員が集まるのが始まりです。

大きく変わるのは明治時代。明治22年市町村制が敷かれ、講員は53人に。この増加は倉部区の祭りになってきたからでしょう。

明治42年、地区にあった天神社は、都美恵神社に合祀されますが、祭りは続き、昭和44年に講員84人を数えるようになります。これまでの参加規則では長男だけでしたが、分家も参加できるようになったので増加したんですな。そのあとは増えません。

いつから大飯を食べるようになったか。おそらく明治に倉部区の祭りになってからと違いますかね。私は86歳ですがもちろん大飯は残しませんよ。

10月の大飯祭には新米を出すので、その調達が大変でした。というのも

浜地家の控え、浜地家が毎年記してきた帳面

以前は米の収穫は11月に震えながら稲穂のはさ掛けや、12月に脱穀の手伝いをしていたくらいですから、10月の大飯祭に間に合わせるのが難しかったのです。

私は父親が亡くなった翌年の昭和46年から祭りに座っていますが、いろんなことを先輩から教えてもらいましたな。カマやナタの道具の使い方から、地区の歴史など。

ここ10年くらい休講（脱会）の人が出てきましたな。

私の役割ですか。当頭が次の当頭に引き継ぐ当渡しの儀式前に、来年の当人や年預を帳面（写真左、「天満宮大祭年預帳」と「天満宮大祭當人帳」。毎年、浜地さんが当番に当たった人の名前を記している）で確認すること。

ほかの方は七人衆を終えると息子さんにバトンタッチしますが、浜地家は祭りに卒業はないんです。

天神社跡の石碑

第四章

すし

「すし」は、鮓、鮨、寿司と書く。今、最も使われる字は寿司であろう。この字は、形容詞の「酸《す》し」から、縁起の良い字を当てたもの。すしは、おめでたいときに食べる食の代表格でもある。「すし」とひと言でいっても、握りずし、ちらしずし、巻きずし、押しずしなどさまざま。しかし、もともとは各地で採れる魚介類を、飯と一緒に漬け込んで発酵させた「なれずし」から始まった。三重県には、神饌に「なれずし」を出すところがある。

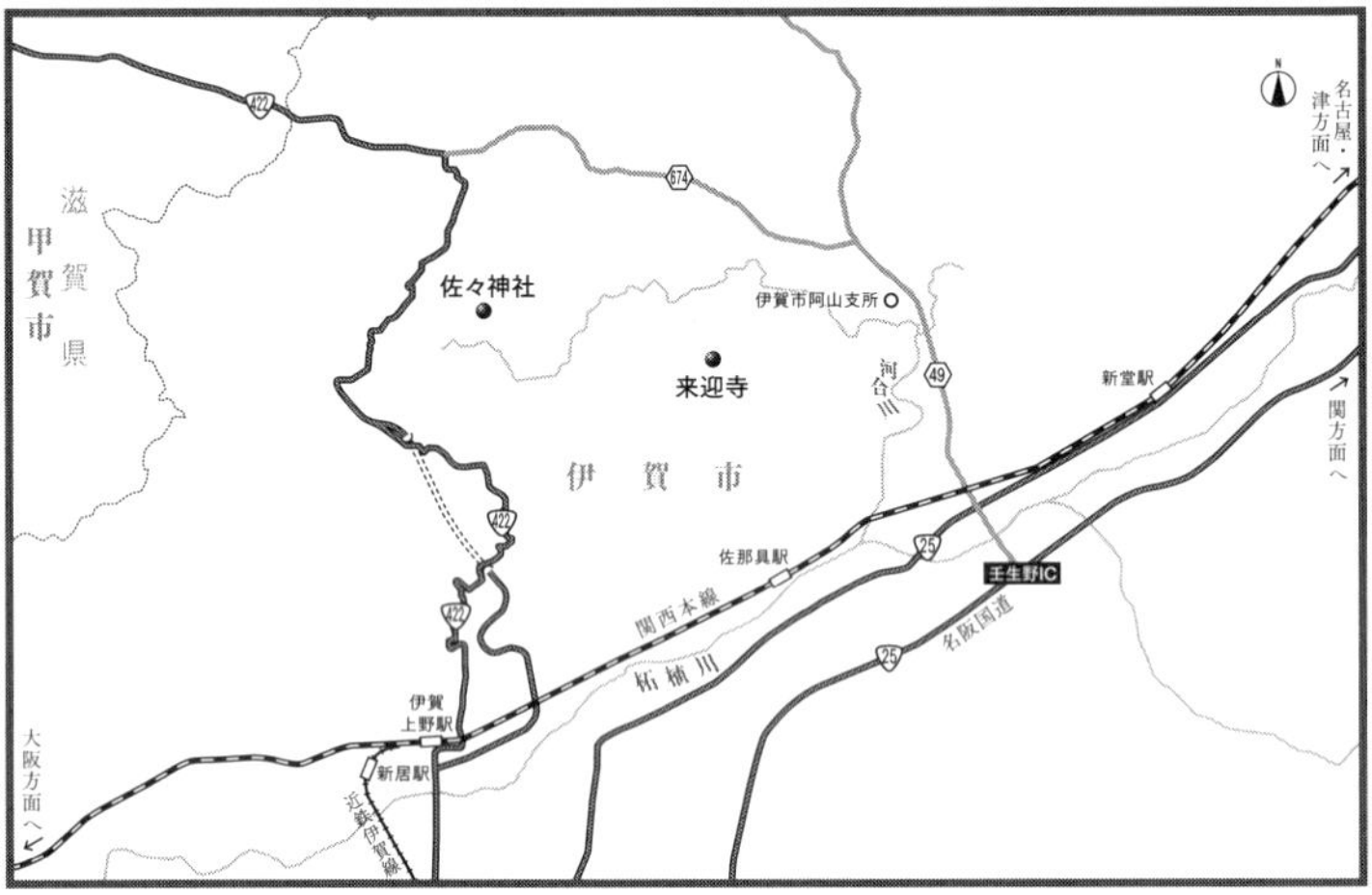

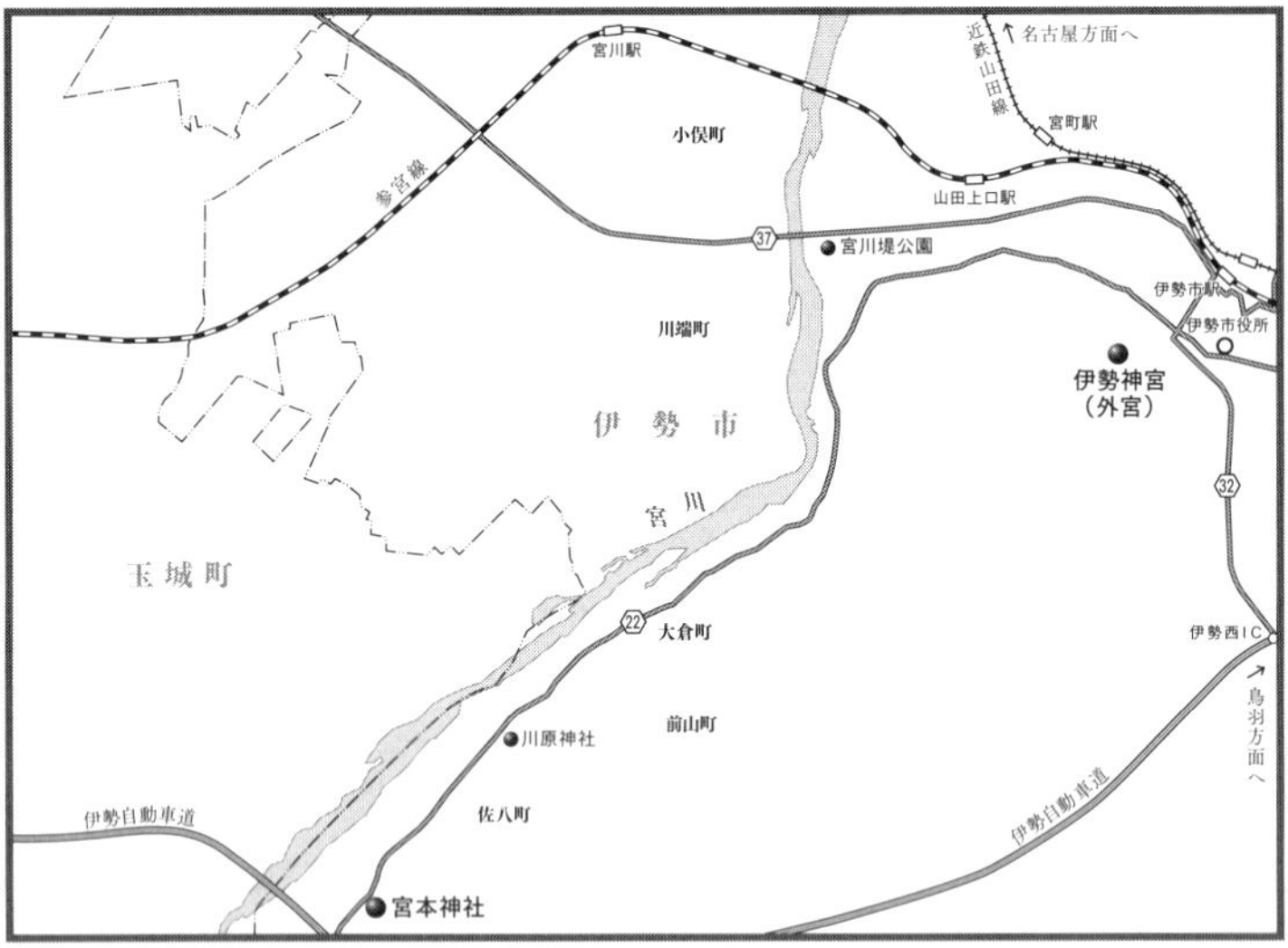

●佐々神社

住所　伊賀市音羽 618

電話　0595-44-1333

　　　0595-43-1544（伊賀市阿山支所振興課）

アクセス　名阪国道・壬生野 IC から車で約 15 分

●宮本神社

住所　伊勢市佐八町 767

電話　0596-22-7884（伊勢市教育委員会）

アクセス　JR・近鉄伊勢市駅から車で約 20 分

●このしろまつり　平成三十年十二月十日　伊賀市音羽《おとわ》　佐々《さ さ》神社

伊賀の山里で海魚

穏やかな小春日和に、伊賀の音羽という山里を訪ねた。このしろずしの仕込みを行う家を地元の人に聞くと、わざわざ見晴らしのきくところまで行き、指をさして教えてくれた。見れば、小高いところに軽トラックが数台止まっている。

「どこから来たんやな」

「伊勢です」

「毎年、誰か来なさる。珍しいから」

このしろずしへの誇りがうかがえた。

音羽地区の佐々神社の例祭に供えるこのしろずしは、毎年、例祭の二十日ほど前に、当番に当たった家庭（頭屋《とうや》・ここでは年番《ねんばん》という）で漬け込みが行われる。今年は城戸清和さん宅だ。

朝九時に訪ねると作業は家の外ですでに始まっていた。

男性たちは、柚子《ゆず》の葉の準備をしている。朝から地区内で伐ってきた柚子の枝から、葉を採って、洗って、天日に乾かす。「今日は良い天気でよかった」。軍手をはめた手は止めない。雨降りだと、ストーブで乾かすので、一苦労だという。「柚子は鋭いトゲがあって、神事に使う木だから守って

洗ったコノシロ

いるんだなと」。準備をしながら、先人の知恵に思いを馳せている人もいた。

　そして、庭先に入ると女性たちがしゃがみこんで、ゴム手袋に持った歯ブラシで魚をていねいに洗っていた。こちらの作業も雨であれば、さらにつらいものになる。小春日和の多い十一月中ごろに仕込み作業を行うのは誠に都合がいいようだ。

　今日漬け込むコノシロは百二十尾。本来ならば百尾だが、余分に用意したという。コノシロは地元の仕出し屋（まつもと）に今は注文する。資料によれば、入荷した二十五センチほどのコノシロはその都度背開きにし、エラと内臓を取り除き、たっぷりの塩でしめて箱に寝かせる。重しはせず、冷凍にする。

　漬け込みの日までに塩漬けしたコノシロが年番の家に届く。しかし、わずかでも内臓が残っているとすしが生臭くなるからと、ブラシで一匹ずつ丁寧に手で洗っていく。一匹につき、三分から五分ほど、魚の大小や状態によって異なる。今日は水道水を使うが、この集落は水が良いらしく、どの家にも井戸があるという。

　作業は、五軒の夫婦が行う。年番は組であたるのではなく、昔から決められた家が順番にあたる。城戸さんは、前回の平成二十一年から九年ぶりに年番となった。七十歳で四回目。夫婦が健康でなければ年番は務まらない。

洗った百尾以上のコノシロは一匹ずつキッチンペーパーで水気を拭き取り、さらに並べて乾かす。ほぼ午前中に、すしの材料の準備をおえた。

コノシロと飯を一緒に漬け込む

なれずし、甘酒、伊賀の発酵文化

午後からは、ガス釜で炊いた新米一斗《と》五升（飯）をさまし、いよいよ木樽に詰めていく作業に取りかかる。新米は、それぞれが持ち寄ったもの。女性たちは、今度は薄いビニール手袋をはめてコノシロの腹に飯を詰めていく。酢水を手水に使い、頭の方からしっかりと詰める。飯に酢は打たない。男性たちは柚子の葉を古新聞などでていねいに乾かすなど、それぞれが手を休めることなく役割をこなす。

年番は、このしろすし用の四斗樽に仕込みを始める。

まず木樽の底に柚子の葉を敷き、その上に、飯をていねいに置いていく。そこにコノシロを一匹ずつ並べる。一段に十三尾ほどを並べるといっぱいに。隙間がないように、一部並べ替えたりして作業に余念がない。それでも隙間ができれば、そこに

漬け込みには柚子の輪切りも

飯を詰める。コノシロが動かないようにしっかりと飯を詰めなければならない。樽には食用酢を塗っておく。そうすると飯が付かず、取り出しやすいという。

その上に再び柚子の葉を一段敷く、そして飯を置き、と繰り返す。そこに柚子の輪切りを並べ、柚子の汁をかける。そしてまた柚子の葉、飯、コノシロと重ねていく。コノシロ七段、飯八段、柚子の葉が十六段を目安に繰り返す。

もっと塩を効かせるのかと思っていたが、塩は使用せず、少量の米酢と柚子の葉を大量に使うのが意外であった。

柚子は実を付けるのに長い年月がかかる。「桃栗三年、柿八年、柚子は九年になりかかる」ということもわざもあるほど。しかし、実を付ければ、お風呂に入れたり、果肉は絞って酸味料に、種も化粧水にするなどして捨てるところがないといわれるが、葉もなれずしの漬け込みに大いに利用している。山里の知恵にふれたように思った。

そして、木樽にふたをして重石を乗せる。日の短い十一月は、朝からの作業も最後は昏くなり、照明を点けねばならないこともあるという。

それにしても、こんなシンプルな漬け込みで腐ることはないのだろうか。城戸さんはこれまで失敗したことがないと言い切る。

木樽は数日すると水が上がってくる。それは飯が乳酸発酵した証拠なのだという。魚を塩漬け後、炊飯米と一緒に漬けることによって乳酸菌を繁殖させて、なれずしにすると、酸性が高められることにより酸味が生じ、腐敗のもととなる細菌の増加を防止し、貯蔵性が加わるのである。

なれずしは、もともとは熱帯地域で始まった。温帯の日本で秋から冬にかけて仕込むときは気温が低いため、発酵を促進させるため飯の量を増やす。日本では魚と飯は一対一と、飯を大量に使うのが、東南アジアとの違いという（『ふなずしの歴史』堀越昌子）。城戸さんが、女性たちに「たっぷり飯を詰めて」と指示していたのも合点がいった。

伊賀地域は、良質な米が収穫され、山麓からの清水が得られる、また奈良や京都と隣接していることから、発酵の文化が発達したという研究もある（「伊賀地域のまつりと発酵の文化に関する調査」日本家政学会）。上野の菅原神社の「上野天神祭」は鬼行列や豪華な山車で知られるが、甘酒を神饌として供え、見物客にもふるまうという。また、山を越えた滋賀県の琵琶湖周辺では、ニブロブナを使った「なれずし」のふなずしがあり、発酵の文化の広がりがうかがえた。

木樽は例祭の前日にコノシロを取り出し、準備を行う。

日供当番つづく佐々神社

例祭の行われる佐々《ささ》神社は、集落から少し離れた山麓に建つ。滋賀県境の笹ケ岳に鎮座していたが、一五九〇年代に野火に焼かれ、現在地に移ったと伝わる。なんでも松尾弥右衛門の妻が、産後乳が出ずに困り祈願したところ、祭神の八重事代主命《やえことしろぬしのみこと》が現れて「大きな乳の袋を与える」と告げると、妻の母乳がでるようになったという。以来、信仰を集めるようになった。

　このしろまつりは、地元によれば神社の祭礼として約三百年前から伝わり、このしろずしを奉納することからこの名があるという。神饌の名が、祭りの名前になっている。

　なぜ海から離れた伊賀の山里で、わざわざ海魚のコノシロを使うのか。

　コノシロは、伊勢湾の河口付近に見られる魚（平成二十七年七十三トン）。あまり回遊せず、地域性の強い特性をもつ。江戸前寿司に欠かせない光もののシンコ、コハダが大きく育つと、コノシロと呼ばれる出世魚だ。伊勢湾で捕れる、出世魚という点が選ばれた理由に考えられる。中勢地方の津市芸濃町でもコノシロのなれずしが作られていた（『三重県食文化事典』大川吉崇）。

　なれずしは、もともとは水田稲作の人々による淡水魚の保存食品だったが、島国の日本に伝わると海の魚でもつくるようになった（『魚醤とナレズシの研究』石毛直道）。

『万葉集』にはツナシと詠まれるなど、日本人には古くからなじみがあるはずだが、小骨が多いので、家庭料理ではあまり使われない。音羽地区でも普段は食べないという。ということは、祭りだけに使われる特別な魚ということになる。年番の城戸さんが以前に聞いた話を教えてくれた。

「その昔、コノシロが捕れなくてボラで作ったら、あくる年災害になったとか」。以来、コノシロを変えることはないという。コノシロは、漢字で「鰶」と書くように祭りに関わり深い魚である。そして佐々神社の祭神が「コトシロヌシ」だから、表音のよく似たコノシロを使うという人もいる。

乳酸発酵によりできるなれずしと、乳を授かったという佐々神社の由緒が結びついたのか、とも思うがわからない。

佐々神社の神域はきれいに掃き清められている。聞けば、毎日神前に食を供える「日供当番《にっくとうばん》」があり、また掃除当番も順番に回ってくるという。神社への信仰が日々の生活に溶け込んでいると感じた。

苞付きの〝なまなれ〟のすし

例祭の十二月十日、再び、伊賀の音羽へ向かう。この冬一番の冷え込みが続き、伊賀の山里もすっかりと冬ざれている。

佐々神社の社務所へ入ると、座敷にはずらりと膳が並べられていた。四角い形の赤飯（「経《きょう》」という）、コロッケ、お多福豆、さきするめ、みかん、笹の葉にはきな粉がのる。主役のこのしろずしは一匹ずつ付く。今年は氏子四十三軒分、用意した。

「うまくいきましたね」

と声をかけると、当番である年番もほっとした表情だ。漬け込みの十一月十七日から十二月九日までおよそ二十日間、冷や冷やしたことだろう。浅い発酵の「なまなれ」ため、「ほんなれ」のふなずしのような強烈な匂いはない。形もすっきりとしている。麹《こうじ》も酢も使わず、ご飯で乳酸発酵した、魚のなれずしだ。

このしろずしが正面に、直会膳

祭典後の直会。盃がかわされる

一方祭典には、このしろずし、浸け込みに使った飯、そして赤飯が、神饌《しんせん》とともに供えられる。神饌は神社総代が準備し、特殊神饌《とくしゅしんせん》のこのしろずしと膳は、年番が担当するのが習わしだ。

祭典がすむと、神前から下げた赤飯や飯を小分けにして、膳に加えた。神さまのお下がりをいただくのだ。座敷に神社の宮司や区長などが一堂に集まり、膳を囲む。挨拶のあと、会計報告もあった。費用は氏子で頭割りにする。

「今年は大きいな」

「よう魚が揃っとる」

膳に着くと人々はまずこのしろずしをほめる。やはりこのしろずしが主役だ。そして、納豆を入れるようなワラ苞《づと》は、このしろずしの持ち帰り用に。萱《かや》の茎で作った萱箸とともにワラ苞も手作り。年番の心尽くしがうれしいことだろう。

私もこのしろずしをいただく。あっさりとして食べやすい。なれずし特有の匂いもない。身は小骨が多いが塩味がよく効き、飯も味がよくしみている。

毎年、作る人が違うので味も異なるという。

「いつもいつも、楽しみにしてます」と古老はうれしそうに語った。

コノシロという海魚と新米を漬け込み、発酵させる「なれずし」。伊賀の山里に伝わる、素朴な味である。

●新年祭　平成三十一年一月六日　伊勢市佐八町《そうちちょう》　宮本神社

祭神は年魚を奉納した漁師

伊勢を流れる宮川は古くから伊勢神宮にアユを納めてきた清流である。

清流にすむアユは、姿・形・香りがよく、川魚の王。独特の香りから「香魚《こうぎょ》」、寿命が一年であることから「年魚《ねんぎょ》」と呼ばれ、古くから食用として、貢物として都へ、また祭りの神饌《しんせん》にも供えられてきた。

現在も伊勢神宮の一月一日の歳旦祭《さいたんさい》にも供えられるが、かつてアユを伊勢神宮に納めた漁師を祭神としてまつっている神社がある。伊勢を流れる宮川の右岸にある宮本神社だ。

宮川流域の下流域にあたる川端、小俣《おばた》などは外宮へ奉納したが、佐八で捕れたアユはもっぱら内宮へ納めた。

社伝では、倭姫命《やまとひめのみこと》が導き、天照大神《あまてらすおおみかみ》が伊勢に鎮座された際、勅命を受けて宮川のアユを奉納した漁師が、「天忍穂海人命《あまのおしほあまのみこと》」としてまつられたという。

アユは春に孵化《ふか》し、川を遡上《そじょう》して成長し、秋に川を下り産卵後、寿命を終える。捕れてすぐを塩焼きにしたり、干したりして食するが、伊勢市佐八町ではなれずしを明治以前までは伊勢神宮に献じてきた。

今も地元の氏神である宮本神社の特別な神饌として、一月の初め新年祭に向けて氏子が作っている。

宮本神社

宮川流域のなれずし

清流日本一にもなった宮川は、大台ケ原を源として伊勢湾へ注ぐ長さ約九十一キロにおよぶ。伊勢神宮外宮《げくう》（豊受大神宮《とようけだいじんぐう》）に近いことから、豊宮川とも呼ばれ、お伊勢参りが流行した江戸時代、橋が架かっておらず、旅人は宮川で禊《みそぎ》を行い、渡し船で伊勢に入った。伊勢神宮と関わりの深い川である。

宮川では古くからアユがよく捕れた。そのため、下流域の伊勢市佐八、津村、川端町などではアユのたくさん捕れる時期に塩漬けにし、発酵させたなれずしを家庭で作り、正月など冬に食べるという。

なれずし作りの話は二十年ほど前に地元のカメラマンから聞いていた。今も作っているのかどうか、宮本神社の羽根宮司に尋ねると、神社の神饌のために氏子が順番に作っていると教えてくれた。十一月に入り、そろそろ漬け込み時期かと思い、連

なれずしを供える氏子総代

絡を入れると、すでに終わったということであった。

宮本神社は旧宮本地区の佐八町、前山町、津村町、大倉町の氏神さま。佐八町以外には、分社ができたが、十二月の例大祭には集まっているようだ。なれずしは毎年、佐八町から六人ずつ選ばれた当番のうちの一軒が作っている。

なれずしは東南アジア大陸部で水田稲作を行う人々が作り出したという。熱帯地域で、雨季にたくさん捕れる魚を乾季までもたせようと、飯の中で発酵させた保存食がルーツとされる（『だれも語らなかったすしの世界』日比野光敏）。これが中国から日本に伝わった。

日本でなれずしというと、滋賀県のふなずしだ。強烈な匂いを放つ郷土料理として知られる。宮川のあゆずしも、地元では「くされすし」という。同じ系統になるのだろうか。

前出の日比野光敏氏は、すしには発酵させずに、酢を使う早ずしと、発酵させる広義のなれずしがあり、さらに十分に発酵させるが飯は食べない「ほんなれ」と、発酵を浅くして飯も食す狭義の「なまなれ」があると指摘する。宮本神社のなれずしも飯を食べるこの「なまなれ」にあたる。

アユのなれずし

アユのなれずし、奉る

正月過ぎ、朝から冷え込む日となった。今日は三年ぶりの部分日食にあたった。曇り空で太陽は見えないが、部分日食の日にお祭りとは、なんというめぐり合わせであろう。

午前十時、新年を寿ぐ新年祭の祭典が始まる。神殿の御扉《みとびら》が開き、神饌《しんせん》を盛った三方《さんぽう》が宮司以下、二名の氏子総代、六名の当番によって順に手渡され、神前に供えられる。玄米、白米、酒、餅、魚、海苔、大根と長いも、にんじん、リンゴ、みかんが次々と。神社祭式《さいしき》による生饌《せいせん》（生のもの）だ。そして、一同がいったん着座してから、宮司が再び立ち、

「アユのなれずし、奉る」

と述べた。

二名の氏子総代が三方にのったアユのなれずしを供える。ご飯粒のついた小ぶりのアユが十四ほど盛られている。今年もうまくできたのだ。生饌と区別して供えるところに、特殊神饌を大切に扱っていることがわかる。

祭典後、社務所《しゃむしょ》でアユのなれずしの「お下がり」をいただくことになった。独特の匂いと味のため、「大丈夫？」と心配して声をかけてくれる人もいる。以前、熊野で食べたが受けつけなかった。

今回はどうだろうかと、なれずしを拝見すると、塩漬けのアユはよくしまり、水っぽさがない。大丈夫そうだと思った。一口大を食べると、確かに独特の匂いはするが、臭みではなく、頃合いの塩加減でむしろいい熟れ具合だと味わえた。

「一匹、食べられました」と言うと、

「御酒がいける口やな」と、笑い声がおこる。

「今、塩漬けしたところ」

などと、なれずし談義も始まる。やはりここは、昔から目の前を流れる宮川でアユを釣り、神に供え、自らも食べてきた集落だ。手間のかかるなれずしを自らも作り、好物の人も多い。

新年祭の終了後、当番が新しい六人に交代する。

宮川沿いでも、アユのなれずしを供える神社はほかにはないと聞いた。神社の当番にあたり、アユのなれずしを作り始め、その歴史を調べて内宮との関わりを知ったと話してくれる人もいる。特別なすしを神前に供えることで、土地の伝承を残し、その技術を広めてきたのだ。

アユが泳ぐ清流・宮川に生きる人々に継承されてきた、なれずしなのである。

宮本神社氏子総代　梅田修身さん、山本悟さん

佐八町では古くから、目の前の宮川で釣ったアユをなれずしにしてきた。それぞれの家庭によって作り方も異なり、また毎年味も違うという。佐八町のアユ漁となれずしの作り方を聞いた。

●なれずしについて

「今年のなれずしは、当番の浜口裕さんの家が作ったもの。おそらく宮川上流で9月に捕れたアユで早い時期に漬けたものでしょう。1月第1日曜に行われる新年祭に供えるアユずしは、その時に仕上がるように作り始めます。

まずアユをすしにするには、大きさが18～20cmで、産卵後の9月末から10月半ばのものが脂も乗って適しています。だいだい100匹くらいを一度に漬けます。神饌と、当番の皆さんに分けるから、このくらいはいりますね。

アユを釣ってははらわたを抜き、強めの塩漬けにします。このときアユを洗う、洗わず塩漬けにするなど、人それぞれです。

そして塩漬けアユを並べて容器に収める塩押しをするのが30日くらい。それから一度出して、ウロコや背ビレ、腹ビレ、エラ、目玉も取り（梅田）、お尻に切り込みを入れて汚れを出してきれいに洗います。

次にいよいよ難しい塩出しに取り掛かります。水を代えて7回くらい洗うのですが、塩は出し過ぎてもいけません。塩出しの加減によって、なれずしの味が決まるといえます。

そして炊いたご飯と一緒に樽に漬け込む、本漬けに入ります。水切りしたアユの腹に飯をつめ、飯と交互に樽に重ねていきます。アユ100匹に飯2升くらい使います。この飯に、みりんや酒を入れる人、まったく入れない人さまざまです。そのあたりはそれぞれ秘密ですね。最後、蓋をして重石を置きます。

ちょうど1週間くらいで水が上がってきたら、乳酸発酵しているのでほっとします。上がらないときは箸でつついて水を入れるなど、ちょっとした工夫がいります。この期間は心配ですね。そして、40～45日で蓋をあけて、ようやくうまくいったかどうかわかります。

お祭りの当番だけでなく、個人で作っている人もいます。お供えによって、なれずしが伝わり、その技術が広まったともいえますね」

●宮川のアユ漁について

「佐八町では、エサをつけずにアユを引っ掛ける「ゴロ引き（ガリ）」で釣ります。竿を川の流れの真横にふると、釣り糸につけてある重しによって、川底をゴロゴロと転がるからこの名があるのでしょう。度会橋周辺の産卵場所ならば、この仕掛けで、向こうからかかってきます。それほどアユが群れているのでしょう。

佐八では、今もアユ漁をしているのは約10人。船を持っている人もいます。かつては専業のアユ漁師のことを「オゲ」といい、私（山本）の祖父もそうでした。

落ちアユ釣りは、漁業権を持っている人が集まり、くじ引きで釣り場所を決めます。アユの漁師が多かったときは、夕方の4時前からくじ引きが始まり、ようやく全員の場所が決まったのが3時間後の夜7時ということもあったそうです。

このあたりは産卵に来る落ちアユを狙うので、コケを食べにくる6月とは違って、産卵する時間の夕方から夜中にかけてアユ釣りをします。そのため、仕事をしていたころは、夜中に釣って、朝、会社へ行ってという感じです（梅田）。

大物を狙えるのは、台風の大水のあと、ささにごり（緑色）のときは25、6cmのものが釣れます。これは塩焼きにするとうまいですね。宮川も稚魚を年間3トン放流していますが、護岸工事などでアユが休める場所がなくなってきましたね」

アユ釣りが今も行われる宮川

第五章

御田植祭と食

稲作が大陸から日本にもたらされたのは縄文時代後期とされ、弥生時代には日本列島のほぼ全域に広まったと考えられている。米は古くから日本人にとって大切な食べ物として、田植時に豊作を祈る神社の「御田植祭」が行われる。「田遊び」と呼ばれる田楽や踊りなどとともに、そこではどんな食が供えられ、また食されているのだろうか。

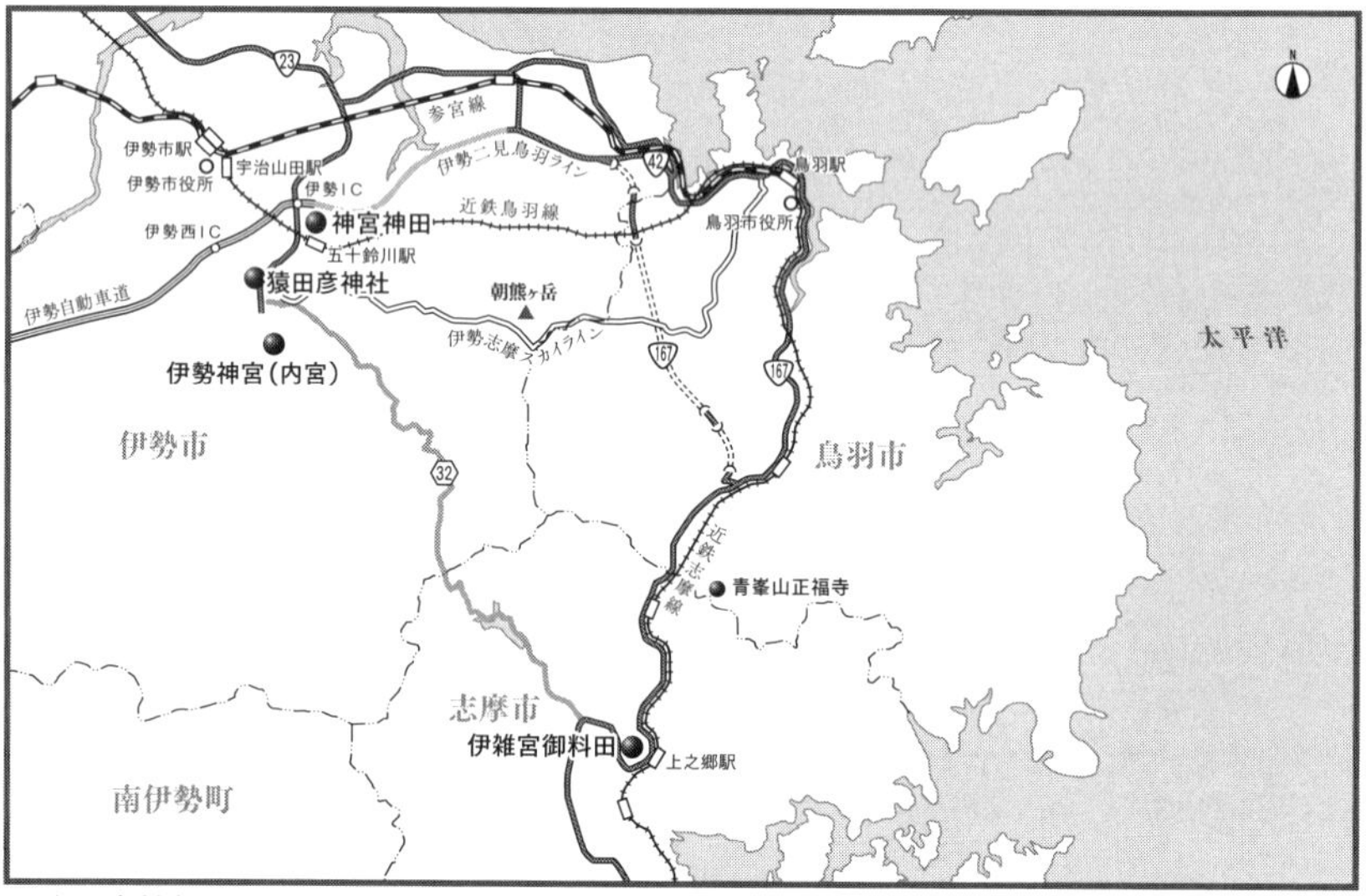

●猿田彦神社
住所　伊勢市宇治浦田町2丁目1-10
電話　0596-22-2554
アクセス　近鉄五十鈴川駅から徒歩20分、またはバスで宇治浦田下車すぐ

●神宮神田
住所　伊勢市楠部町（ふだんは立入禁止）
電話　0596-24-1111（神宮司庁）
アクセス　近鉄五十鈴川駅から徒歩約20分

●伊雑宮
住所　志摩市磯部町上之郷374
電話　0596-24-1111（神宮司庁）
アクセス　近鉄上之郷駅から徒歩3分

●御田祭《おみた》　五月五日　猿田彦神社　伊勢市宇治浦田町（三重県無形民俗文化財）

子どもの日の「御田祭」

今年もいい天気に恵まれた。五月五日、伊勢市内宮前の猿田彦神社の御田植祭だ。神社では、「御田祭」と書いて、「おみた」と呼ぶ。

内宮を囲む神路山《かみじやま》は青々としてまぶしいほど。つい半月前まではヤマザクラや新緑の淡い色あいであったのに、瞬く間に青葉に色を濃くしている。猿田彦神社は大勢の参拝者で賑わっている。内宮で授与される和紙の鯉のぼりを持つ人がいるのも、子どもの日ならでは。

神社の堂々とした御本殿は二重破風《にじゅうはふ》の妻入《つまい》り。「御田祭」は、ここで行われる本殿祭と、神田に場所を移しての神田祭がある。

午後一時前、正面の鳥居から、宇治土公《うじとこ》宮司ら神職、地元・宇治地区の小学三年の少女八人の八《や》乙女《おとめ》のほか、囃子方《はやしかた》、田植を行う植え方と早乙女《さおとめ》（いずれも伊勢市楠部《くすべ》町の御田祭奉仕者）、その後ろに稚児行列の子どもたちが親に手を引かれ続く。

祭列は本殿に入り、本殿向かって左側に八乙女ら、右側に御田祭奉仕者が座る。御田祭奉仕者の装束は安土桃山時代の民衆風俗を示し、男性は侍烏帽子《えぼし》、手細《てぼそ》、袴の腰に御田扇をはさんでいる。早乙女は市女笠に小袖を身につけている。

神田祭の祭典

一段高い祝詞殿に神職たちが着座する。祭神の猿田彦大神をまつる御扉の前には、神饌《しんせん》が高々と置かれている。こちらは特殊神饌ではなく、神社の大祭用の神饌。案《あん》の中央に神酒徳利《みきどっくり》、果物や御餅が見て取れる。

祝詞奏上《のりとそうじょう》、舞が済むと、本日植える玉苗（早苗の美称）を八乙女に一株ずつ渡す。そして、本殿北側にある神田へと向かう。

トビウオの飛躍にあやかる早苗

神田にはすでに大勢の人々が待っていた。

祭員が着座すると、神田正面の榊の木に、御田の神、大歳神《おおとしのかみ》にお降りいただくことから始まる。「お——」と警蹕《けいひつ》（神事のときに先払いが声をかけてあたりをいましめること）の発声が重々しく響く。

本殿祭ではご祭神の猿田彦大神に五穀豊穣・産業の繁栄・豊漁満足を祈り、そして神田祭では大歳神に見守りいただくのだ。祭場が変わると神さまも変わる、お役目がそれぞれ異なるということだろうか。日本人は「八百万神《やおよろずのかみ》」といって、一神教とは異なり、たくさんの神々を信仰してきた。その一端を見るようである。

榊の木の前に、神饌が次々と供えられる。

神酒徳利、季節の野菜や果物はさきほどと同じだが、ここにトビウオという特殊神饌も供えられた。唐櫃《からひつ》から出されたトビウオは腸《はらわた》が抜かれていない生魚で、八尾ほどだろうか。神社では古くから供えられているもので、荒波を乗り切って飛躍する姿に、五穀も荒々しい雨風に打ち勝つようにとあやかったものとしている。

神饌のトビウオ

「トビウオは、伊勢神宮の神饌にもなく猿田彦神社独自のものかと思い調べたのですが、そうではなく五、六月に捕れる旬の魚が理由であるようです。今では縁起物ということでタイを出すようになった神社が多い中で、昔ながらのものが伝わっているということでしょう」と、祭祀担当の神職、森口真樹さんは話す。

田植にトビウオを供えるのは伊勢地方の古くからの習わしとされる。

『伊勢市史』には、宮川の左岸にあたる伊勢市有滝町《ありたきちょう》、西豊浜町、村松町では旧暦の五月五日に行われる田の神をまつる行事の際、苗代《なわしろ》の水口（取水口）に、赤飯とトビウオを供えていた。

また、宮川河口の大湊町《おおみなとちょう》では田植当日はトビウオを煮て、膳につけ、昼食は赤飯だった。大正時代の旧北濱村（明治22〜29年、東

田植え

大淀・村松・有滝・野村・柏）では五、六月にトビウオの建て網漁をしており、この頃に大量に捕れるトビウオをお供えものにしたと考えられる。ほかの地域ではあまり見られない。

そして、八乙女が早乙女に玉苗を渡し、田植が始まる。太鼓や笛、ササラ、鼓で田楽《でんがく》が奏でられ、手際よく手植えが進む。囃子方は、舟形烏帽子に素襖《すおう》に袴と、植え方とは異なる装束だ。桶楽《おけがく》の童子は、水干《すいかん》の装束でなんとも雅かな雰囲気が漂う。

手持ちの苗が無くなると、苗束がぽんと神田に投げ込まれる。これを「苗打ち」と呼ぶなど、田植にまつわる多くの俳句の季語（余り苗、浮苗、苗運びほか）が生まれている。

田植が一時間ほどで終了すると、今度は大きな団扇《うちわ》をもった男性による団扇相撲が始まる。早苗が揺れる神田で、大黒と恵比須が大きく描かれた直径一メートル十五センチの団扇を合わせては、三度回り、五穀豊穣と大漁満足を占うのである。今年は、大黒の勝ちというから、五穀豊穣になるのだろう。

この日はうるち米のコシヒカリが植えられ、八月下旬には三俵程度の収穫が見込めるという。目の前でか細くゆれる早苗が四カ月もしないうちに、すくすくと育ち、やがて黄金色に輝き、稲穂を垂れるのである。稲の生命力に感心するばかりである。

神宮と同じく、ハエ〜ヤ、ハエの祝歌が続く

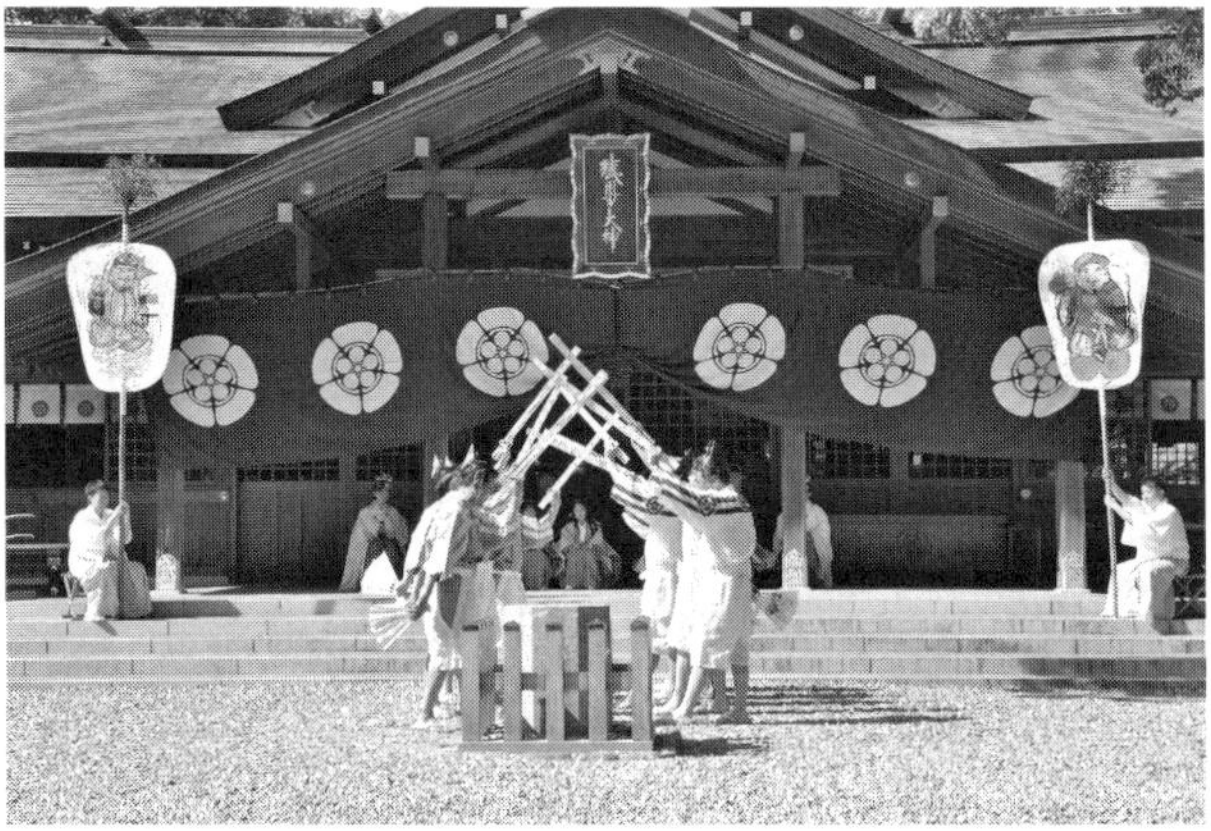

豊年踊り

猿田彦神社の「御田祭」はまだ続く。今度は、本殿前に場所を移し、御田祭奉仕者による豊年踊が始まる。「ハエーヤハエ」。独特の掛け声が響く。掛け声の最初の「ハエ」は、物が生《は》える意味で、後の「ハエ」は栄えよの意味が込められているという。初めて聞くと、何を言っているのかわからないが、意味を知ると、早苗が育ち、豊かな実りを祈る祝歌《ほぎうた》であることがわかる。

そして、恵比寿方の「舟漕ぎ」。今年一年の豊漁の祈願と、海が荒れないように願う踊り。さらに大黒方が踊る「踏舞《とうまい》」。一年の豊作を祈念する。伊勢神宮の御田植初でも、同じように摂社《せっしゃ》の大土御祖《おおつちみおや》神社へ躍り込みを行う。伊勢神宮と同じ楠部町の奉仕者のため、よく似た踊りになる。

前出の森口さんは、「神宮の摂社の大土御祖神社は古くは宇治土公《うじとこ》家（猿田彦神社の宮司）ゆかりの神社なのです。ですから、神宮と同じ踊りを猿田彦神社で行うのはおかしなことではないのです」。

伊勢神宮と猿田彦神社はどのような関わりがあるのだろうか。

ご祭神の猿田彦大神は、記紀神話では天照大神の孫にあたる瓊瓊杵尊《ににぎのみこと》の一行が高天原《たかまがはら》から天降《あまくだ》る際、一行を高千穂へ道案内したと伝わる。猿田彦大神はそののち、伊勢を本拠地としてこの地方を開拓したという。

また、十一代垂仁《すいにん》天皇の代、天照大神の鎮まる聖地を探し求めていた倭姫命《やまとひめのみこと》を五十鈴《いすず》川の川上へ導いたのは、猿田彦大神につながる宇治の地主神・太田命《おおたのみこと》とされる。猿田彦神社では猿田彦大神とともに太田命が祀られている。

その子孫にあたるのが現在神社の宮司を務める宇治土公《うじとこ》家である。

宇治土公家は、伊勢神宮内宮の大内人《おおうちんど》という重要な役職を務め、神宮に奉仕してきた。伊勢神宮の最古のまとまった記録として重視されてきた『皇太神宮《こうたいじんぐう》儀式帳』（八〇四年朝廷へ提出）は当時の荒木田《あらきだ》禰宜と、磯部《いそべ》（宇治土公家の別称）大内人によるものである。そして、大土御祖神社はかつて、宇治土公家が神宮神田の春耕秋収《しゅんこうしゅうしゅう》（春の耕作、秋のとり入れ）を祈願していた（『猿田彦神社誌』）ため、ゆかりの神社になるのだ。

こうした来歴を江戸時代の国学者、本居宣長《もとおりのりなが》が歌に詠んでいた。

神世より神の御末とつたへ来て
名くはし宇治乃土公家わが勢
本居宣長
（神代から神の末裔と伝わってきたその名も美しい宇治土公家、我が友人）

「名くはし」は名が美しいこと、「わが勢」は男同士が親しんで言う言葉で、背ではなく伊勢の勢を使っている。本居宣長と宇治土公家の交流がうかがえる。

ただ内宮創建までさかのぼる古い家であるのに、御田祭についての文献がないのはこの神社の歴史による。明治時代までは屋敷内にまつられ、一般に広く公開をされていなかったためだ。江戸時代の古地図には、宇治地区へ入る黒門横に「二見大夫《ふたみたゆう》」と記されているのが、宇治土公家。まだ猿田彦神社とは記されていない。

猿田彦大神をまつる猿田彦神社の御田植は、中世から続く神宮神田の御田植行事が明治四年に中断されたため、それまで神田に奉仕してきた楠部町の人々が再興したもの。御田植祭で楽器を奏でる囃し方の名が明治三十一年から現在まで記される役割書付が残っており、ほぼその頃に始まったとされる。大正十三年には神宮神田の御田植初が再興されるも、猿田彦神社では引き継がれ、楠部町の神田の流れを汲む二つの御田植祭が行われている。

豊年踊りには、人々の豊作・豊漁への願いが強く表れている。

「田遊び」といって、稲の豊作を予祝《よしゅく》する芸能がある。「遊び」は神楽《かぐら》の意味で、新年や田植時などに種を蒔き、代掻《しろか》きや田植、倉入れなど収穫するまでの様子を模して再現する。

最後に、団扇相撲を行った大団扇の「団扇破り」が行われ、御田祭がおわる。

中世から始まったとされる神宮の御田植の伝統は、猿田彦神社の御神田を経て今に受け継がれてきた。伝統行事の継承のひとつの形を「伊勢の御田植祭」に見たように思った。

●神宮御田植初　五月上旬（平成三十年五月十二日）神宮神田　伊勢市楠部町家田（三重県無形民俗文化財）

種下ろしから御田植へ

猿田彦神社の御田祭からおよそ一週間後、今度は伊勢神宮の神宮神田で御田植が行われる。早苗の育ち具合を考慮して毎年日程が決められるが、おおよそ五月第二土曜日が多い。

ゴールデンウイークを過ぎた山々は、新緑からひといきに緑を濃くしていく。伊勢市楠部町の神宮神田に臨む忌鍬山《いみくわやま》も若葉青葉がみずみずしい。いつもなら、椎《しい》若葉の黄緑色が目立つのだが、今年はもう色濃くしている。

薄い雲が広がっているものの、風のない穏やかな日となった。いい日和に恵まれたせいか、報道陣も多い。テレビカメラが数台出ている。

午前九時前、神職を先頭に、地元の神宮神田御田植祭保存会の人々が参進する。恵比須・大黒の大団扇がほこらしげだ。烏帽子《えぼし》をかぶり、青い素襖《すおう》姿の男性たちは笛や太鼓の囃《はや》し方、白い子持筋帷子《かたびら》に藁《わら》帯、青襷《たすき》を斜めにかけるのは植え方、菅笠に赤い襷、腰巻が鮮やかな早乙女と続く。植え方《かた》、早乙女は裸足に草履履きだ。室町時代の御田植装束というが、水を張った神田にもとりどりの装束が映り込み、一気に雅な雰囲気に包まれる。

神宮神田では、御田植初のほかに、四月初旬の神田下種祭《げしゅさい》、九月初旬の抜穂祭《ぬいぼさい》が執り行われる。

参進

その際は大宮司・少宮司も参列してのお祭りとなるが、この御田植初は、権禰宜をはじめ神職五名と少ない。というのも神宮のお祭りは、大祭（神嘗祭など五大祭）、中祭、小祭とその規模によって分けられ、御田植初は小祭にあたるためである。

神宮のお祭りであるのに、県の無形民俗文化財指定を猿田彦神社の御田祭とともに昭和四十六年に受けているのも、民俗行事として色濃いからと考えられる。

田楽の中、横一列に田植え

三ヘクタールの神宮神田のちょうど真ん中にある祭場田《さいじょうでん》に、田植えが行われる。

一カ月前の神田下種祭で籾種《もみだね》が播かれた苗代はなく、五十鈴川から引き込んだ水を満々とたたえている。あめんぼうが水面に時折、波紋をつくる。祭場田だけでなく、ほかの二十枚の田も水が張られ、田植を待つばかりである。

祭場田の前には、小さな素木《しらき》の案《あん》が二つ置かれている。ひとつには早苗三株、もう一つに今から神饌が供えられる。今日は神職ではなく、黄色の装束をつけた作長が献饌《けんせん》（神饌を供える）の役目だ。

田植え

辛櫃から、御塩、お水、ご飯、足のついた杯は清酒だろうか、ほかに魚とおぼしき神饌が見える。神宮の祭典で神職以外の人が神饌を供えるのは恒例祭ではないため、その分、地元楠部町のお祭りのように感じる。そして、権禰宜が前に進み、拝礼。祝詞はなく、すぐに撤饌《てっせん》（神饌を下げる）となった。

続いて、権禰宜から作長に折敷に置いた早苗が渡される。作長はこれを掲げ持ち、二人の作丁《さくてい》をともない、祭場田へ進む。作長が田の中央と右、左に早苗を投げ込み、作丁が二条ほど手植えをした。手慣れた所作はさすがである。

続いて地元の保存会による田植が始まる。植え方と早乙女合わせて二十人が、神田にいっせいに降りる。お囃子が響く中、早苗を手にし、手際良く植えていく。両側の畔道から渡されている一本の縄を目印にして、横一列になって植えていく。畔から早苗が祭場田にぽんぽんと投げ込まれる。

この神田は、古代、天照大神が鎮まる地を探し求めた倭姫命が定めたと伝わる。かつては、ほかにも外宮の神田（豊宮崎神田）や、神酒用の神田（櫛田・根椋）もあったという。神話につながる神田であるが、明治時代の上地令《じょうちれい》（土地をお上に返納すること）によって政府に収められた。祭典に供える米を育てる神田がなくなり、伊勢神宮では一時、外部から調達した米を用いたこともあった。

しかし、明治二十一年に野菜や果物を栽培する神宮御園《みその》を二見町に開園し、二十二年以降になると神田を購入し、神宮神田での稲作が再開された。この神田も時代の波をかぶったときがあったのだ。

四十分ほどで田植が終わる。植え方や早乙女が田から上がり、今度は大きなごんば団扇をもった男性二人が祭場田に入る。大黒と恵比須が描かれた大団扇を合わせて三度回る。その間、両側の畔道には、手に竹扇を持った男性が並び、両手を交互に動かす所作を行う。植えた苗を扇いでイナゴを払う動作という。これで御田植初の行事を終わる。空に白花火がボンボンと揚がる。楠部の人々にお祭りの進み具合を知らせるのである。

神宮神田御田植祭保存会の人々は、神宮神田から二百メートルほど離れた五十鈴川の辺に建つ摂社・大土御祖《おおつちみおや》神社へ向かう。神社へは、「ハエヤーハエ」と掛け声をかけて踊り入る。船漕ぎ、踏舞を行い、最後に団扇破りの風習がある。団扇破りの紙片は、豊作や大漁祈願のお守りとして参列者が競って取り合う。

こうしてたんねんに苗を植え、育てる稲作は、神と共にあると思えた。

●伊雑宮《いざわのみや》御田植式　六月二十四日　別宮・伊雑宮御料田　志摩市磯部町上之郷《かみのごう》
（国指定重要無形民俗文化財）

竹取りと御田植と

梅雨の最中に、雨雲を打ち払うかのような晴れ間を「梅雨晴」、「梅雨晴間」と呼ぶ。伊勢神宮のもうひとつの神田、志摩市上之郷にある別宮・伊雑宮の御料田の御田植式は、梅雨晴に恵まれた。

竹取神事

毎年六月二十四日に行われる御田植式は、「磯部《いそべ》の御神田《おみた》」として国の重要無形民俗文化財指定で、平安時代末期に今の形になったという。明治四年（一八七一）に中断したが、十四年後に地元からの要望で虫除祈願として再興された経緯がある。現在は、伊雑宮の月次祭《つきなみさい》の日に合わせて六月二十四日だが、再興前は、「子日《ねひ》」といって、イネに通じる、子の日に行われた（『鳥羽志摩の民俗』岩田準一）。

千葉県の香取神宮、大阪府の住吉大社とともに日本三大御田植祭の一つに数えられる。

ゴンバウチワ

住吉大社は八乙女の田舞や住吉踊など着飾った踊り手が舞踊を見せる華やかな御田植、香取神社は本物の牛が登場するなど、それぞれに古くからの民俗芸能を伝える。

御田植式は伊雑宮の南に隣接する御料田《ごりょうでん》で行われる。まずお田植の前の「竹取り」が特徴的である。近郷の青年たちが下帯姿で泥だらけになりながら水田であばれ、畦に立てられた大うちわ「ゴンバウチワ」を三度あおいで倒し、竹を奪い合うもの。かつては漁師が多かったというが、竹は持ち帰って神棚などにまつり、大漁満足、海上安全のお守りにするという。御田植だけれど、大漁も祈願する、半農半漁の地域性をうかがわせる。

「竹取り」のあと、早乙女らにより、御料田で御田植が始まる。御田植は、磯部地区七つが毎年持ち回りで執り行っている。本番の前には、装束をつけて行う総練習「大訓式《おおならしき》」で丁寧に予行練習し、所作の確認などをするのが恒例。それほど地区では誇りにしている行事なのだ。

御田植の休憩時間には、赤い着物におかっぱ髪をつけた少年の太鼓打ちが田舟《たぶね》に乗って登場し、少年二人のささら方による「刺鳥差《さいとりさし》」の舞踊が行われ、賑やかな雰囲気に。

塩ワカメの「引張肴」

これまで何度か取材してきたが、今回は御田植が半分ほど終わった頃の中休みの酒宴に出されるというワカメに注目していた。「引張肴《ひっぱりさかな》」、「引っ張り」と呼ばれ、お酒の肴にするというものだ。しかし、お祭りが始まってすぐに一口大のワカメが出された。御田植の前に行われる竹取神事に奉仕する裸男たちが、神田に入る際、お神酒とともにワカメを渡されていた。役員に尋ねると、

竹取神事の前に引張肴を食す

干したワカメの引張肴

田植え

「干した塩ワカメで、酒の肴にする」と教えてくれた。これが「引張肴」だ。

そして、早苗を手植えする御田植の中休みになると、田道人《たちど》や早乙女、囃子方にお神酒とワカメが配られた。太鼓打ちや簓《ささら》すりの少年たちもお神酒の代わりに清涼飲料水でワカメを食べていた。酒宴といっても田の中に向かいあって立ち並んで飲み干すというものだ。

鳥羽や志摩の民俗に詳しい岩田準一によれば、中休みの酒宴は、再興前は神津見《こうつみ》神社（磯部郵便局の地）で行われることもあり、ワカメは石鏡《いじか》（鳥羽市）から献納されたという。干したワカメとは書かれていない。岩田は稲の若芽を盛んにする意から、ワカメを食するのかと記している（『鳥羽志摩の民俗』昭和四十五年）。

のちには波切《なきり》（志摩市大王町）の海で採取されたものを土地の人が伊雑宮に奉献し、それが当番町に届けられる。ワカメが伊雑宮から届けられるようになったのは戦後のこととある（『伊雑宮の御田植祭』古典と民俗学の会、代表桜井満編）。

このワカメを湯茶接待所で私もいただいた。塩コンブのような味で、暑い中、ワカメの塩気が身体に効く。ちょうど良いつまみになる。

ところで、「引張肴」の引張はどんな意味なのか。地元の方に尋ねてもわからず。『磯部町史』にはワカメを引っ張って食べることから、「引っ張り若布」とある。前出の『伊雑宮の御田植祭』には、今よりもずいぶんと長い「引っ張り」ワカメの写真が掲載されていた。これなら、引っ張って食べるという理由が納得できた。また、ワカメと御田植の深い関わりを地方の田植民俗や田植歌のなかに数多く見られることから、単なる酒肴としてだけではなく、田の神に供えられる重要な供物である（『田植歌謡と儀礼の研究』渡辺昭五）との指摘もある。

伊雑宮の御田植に伝わる歌を調べてみた。『磯部の御神田』（磯部町教育委員会編）に掲載される「御田植祭刺鳥差数え唄《さいとりさし》」や各町の「踊り込み唄」には、ワカメなど海藻に関わるものは残念ながら見つけられなかった。

ただ、このワカメが随所で出され、まさしく引っ張りだこ、多くの人が求める酒肴であることは間違いない。

豊作を祈って行われる田植のお祀り。そこに海の幸である海藻を酒宴で奉仕者が食し、エネルギーとしている。志摩地方は奈良時代以前から、海洋部族である磯部氏の本拠地であった。乾ワカメを肴にするお祭りは、そんな太古の香さえした。

［著者紹介］
千種清美（ちくさ・きよみ）
三重県生まれ、文筆家。皇學館大學非常勤講師。NHK 津放送局アシスタント、三重の地域誌『伊勢志摩』編集長を経て文筆業に。新幹線車内誌『月刊ひととき』に「伊勢、永遠の聖地」を８年間にわたり連載し、伊勢神宮や日本の歳時記についての講演や執筆活動を行う。近著に『三重　祭りの食紀行』（風媒社）、ほかに『女神の聖地、伊勢神宮』（小学館新書・全国学校図書館協議会選定図書）、『お伊勢さん鳥居前おかげ縁起』（講談社）など。

三重《みえ》の神饌《しんせん》　神《かみ》に供《そな》える御膳《ごぜん》

2019 年 3 月 25 日　第 1 刷発行　（定価はカバーに表示してあります）

著　者　　千種 清美
発行者　　山口 章

発行所　名古屋市中区大須 1 丁目 16 番 29 号
電話 052-218-7808　FAX052-218-7709
http://www.fubaisha.com/
風媒社

乱丁・落丁本はお取り替えいたします。　＊印刷・製本／シナノパブリッシングプレス
ISBN978-4-8331-0581-1